特別受益・寄与分と遺言の実務対応

実は知らない本当の相続分と遺留分

弁護士・税理士
松井淑子 著

清文社

は　じ　め　に

　相続で争いになると長期化するというのはよく知られているところです。紛争解決のために1年、2年はあっという間に経ってしまいます。

　何故なのでしょうか。一体どこで揉めるのでしょうか。

　紛争長期化の原因の一つは、まずは当事者間での話し合いによる解決が試みられるべきとされる実務において、その話し合いの場となる調停では、当事者の感情論を法律論で収めにくいという問題があります。法律上、通りにくい主張が繰り広げられやすい実態があります。またもう一つは、どの遺産を分割するかという問題以前に、各自の権利は金額にするとそもそも一体いくらなのかという**「具体的相続分」**で揉めることが多いという問題があります。さらに具体的な金額の決着がついた上で、では、そこにある遺産をどう分けるのかが問題となります。ただ、ここまでくれば、分け方は限られている以上、自ずと解決に至ります。つまり紛争の長期化の大きな原因の一つは、「具体的相続分」の決着がつかないという点にあります。

　「相続分」というのは、法定相続分として決まっているのではないのかと戸惑うかもしれません。いわゆる配偶者の相続分は2分の1（民法900条1項1号）というのは抽象的相続分です。1億円相当の遺産があった場合に、配偶者の法律上の権利としてそのまま2分の1の5,000万円相当の権利があるというものではありません。

　事案に応じて「具体的相続分」というものが算出されない限り、遺産は分けようがありません。では、この「具体的相続分」はどのように算出されるのでしょうか。そこで登場するのが、「特別受益」であり、「寄与分」となります。

　また、公正証書遺言や自筆証書遺言の作成件数が増える中、争いも多くなっているのが遺留分侵害に関するものです。遺留分も、相続人が子どもだけな

ら遺産の「2分の1」と法定されており（民法1028条2号）、争いになる余地はないのではと思われるのかもしれません。しかし遺留分に関しても、問題となるのは具体的な**遺留分侵害額**です。「遺留分を保全するのに必要な限度」で遺贈、贈与等に対して「減殺を請求することができる」（民法1031条）（平成30年改正（民法及び家事事件手続法の一部を改正する法律（平成30年法律第72号））により、民法1046条1項「遺留分侵害額に相当する金銭の支払を請求することができる」となります。）のがいわゆる遺留分の効果なのです。ここでも、生前になされた贈与として「特別受益」が関係してきます。遺留分制度は平成30年の民法改正の対象となっていますが、遺留分侵害の考え方は変わってはいません。

　相続税の節税対策として、相続が開始する前の様々な生前贈与の活用の仕方がありえます。しかしながら、相続が始まった時、問題となるのは相続税だけではありません。「税」だけではない、「相続」そのものにおける紛争も見越した上で節税アドバイスをする必要があります。そのためにも今一度、相続、特別受益、寄与分、遺留分について基本からしっかりと押さえておく意義があります。

　本書は、相続の中でも、実際の紛争の火種となる「特別受益」、「寄与分」、「遺留分」に焦点を当てたものです。また、事例を紹介するだけではなく、なぜこのような制度があるのかに遡り、その周辺の相続の基礎知識にも触れつつ、ポイントを絞った説明を試みました。実際の解決は個々の事案、事実関係によります。まずは大きな枠組みをざっくりと押さえることが実務においては有用と考えてのものです。

　問題の発生を予測し、落着点を見据えた助言を当事者に行い、紛争の予防と早期解決に資するものとしてお役に立てればと思います。

　　　　　　　　　　　　　　　　　　　　　　　令和元年5月

　　　　　　　　　　　　　　　　　　弁護士　税理士　松井淑子

目　次

序章

なぜ、寄与分、特別受益、遺留分の意義を知っておく必要があるのか ……………… 001

第1章

相続制度の基本　民法相続編 ― 相続税法との関わり ― ‥ 005

1 「相続」とは ……………………………………………………… 007
2 相続に関して紛争になるポイント ……………………………… 013
　❶ 遺言があるとき ……………………………………………… 013
　❷ 遺言がないとき ……………………………………………… 030
3 裁判所の役割 ―調停、審判、訴訟事項・家庭裁判所と地方裁判所― ……… 043
4 まとめ ……………………………………………………………… 046

第2章

要するに、特別受益とは ― 各論 ― ……………………… 047

1 影響を与える具体的相続分及び遺留分額 ……………………… 048
2 5つの視点 ………………………………………………………… 052
　❶ 「生計の資本として」
　　―贈与の契機・経緯・動機・額・資力の問題― ………… 057
　❷ 「婚姻若しくは養子縁組のため」の贈与 …………………… 066

❸ 生命保険金 ………………………………………………… 067
　　❹ 死亡退職金 ………………………………………………… 070

3　対象となる相続人 ……………………………………………… 071
　　❶「共同相続人中に」 ………………………………………… 071
　　❷ 相続人の配偶者・相続人の子に対する贈与 ……………… 072
　　❸ 贈与を受けた時は、相続人ではなかった者 ……………… 073
　　❹「価額」の算出方法 ………………………………………… 076
　　❺「被相続人が前2項の規定と異なった意思を表示」
　　　（民法903条3項）…………………………………………… 082

4　まとめ ……………………………………………………………… 087

第3章
要するに、寄与分とは ……………………………………… 089

1　寄与分とは何か ………………………………………………… 090
　　❶ 被相続人の事業に関する労務の提供 ……………………… 095
　　❷ 財産上の給付 ……………………………………………… 099
　　❸ 被相続人の療養看護 ……………………………………… 100
　　❹ その他の類型 ……………………………………………… 104

2　寄与の主体・時期 ……………………………………………… 108
　　❶「共同相続人中に」──寄与の主体── ………………… 108
　　❷ 寄与の時期 ………………………………………………… 112

| 3 | 寄与分に関する手続 | 114 |
| 4 | まとめ | 116 |

第4章

要するに、遺留分とは … 117

1	法定相続分との違い	119
2	遺留分の算定と遺留分侵害額	123
3	「遺留分を保全するのに必要な限度で」・「減殺の請求をすることができる」【具体的な請求とその効果】	

― 平成30年改正　遺留分侵害額請求権 ― … 136

| 4 | まとめ | 157 |

第5章

争いになるとどうなるのか … 159

❶ 相続の紛争解決手続の場は家庭裁判所だけではない … 160
❷ 家庭裁判所では解決できない紛争　―地方裁判所へ― … 160
❸ なぜ、全てを家庭裁判所では解決できないのか … 162
❹ 家庭裁判所の役割 … 163
❺ 調停と審判 … 164
❻ 調停 … 168
❼ 特別受益、寄与分 … 170
❽ まとめ … 170

さいごに ……………………………………………………………… 173

[参考文献] ……………………………………………………………… 175
民法及び家事事件手続法の一部を改正する法律（平成30年法律第72号）　新旧対照表 ……… 176

凡　例

　　本書で使用する略語例は以下のとおりです。

　民集…最高裁判所民事判例集

　集民…最高裁判所裁判集民事

　判時…判例時報

　家月…家庭裁判月報

　判タ…判例タイムズ

※本書は、平成31年4月1日現在において公表されている法令・通達等によっています。

序章

なぜ、寄与分、特別受益、遺留分の意義を知っておく必要があるのか

■ **具体的相続分と「相続分」**

　税理士として、顧問先の社長から相続の相談を受ける機会は多々あるかと思います。相談を受ける前に問題状況を指摘して、解決策を提案できるとさらに信頼されます。逆に、うちの税理士さんは何もアドバイスをくれないと思われていることもあるかもしれません。

　事業承継を考えた際に、自社の株式をどのように相続させたらいいのか、もっぱら関心事は相続税や譲渡所得税のことかもしれません。

　確かに、相続税は、相続が発生すると待ったなしに確定申告・税金の納付の必要が出てきます。このときに、納付の現金が用意できていなかったために遺産、あるいは相続人が有していた自分の財産を処分して納税資金を作らざるをえなかったというのは無策というほかありません。

　しかし、納税額の試算、準備ということ以上により深刻なのは、相続人間での遺産を巡る争いです。

　いったん、対立状態が表面化してしまうと解決するのに1年、2年は要します。その間、経営者の社長は本業に割くべき時間を遺産を巡る紛争に取られ、また、遺産と事業が関連していたような場合、事業承継にも影響を及ぼすことになります。

　そこで、遺産を巡る紛争を予防するために活用されているのが、遺言です。

　しかし、遺言については、税法に規定されているものではないため、税理士の中には苦手だという人も多く、理解が不十分なまま対応した結果、**中途半端な遺言**となってしまい、**かえって紛争が長期化**してしまったというケースを目にします。「相続」「遺言」に関する正しいアドバイスをするのであれば、**「特別受益」「遺留分」**といったところまでの正確な知識が必要です。

　相続について相談された税理士として、より一歩踏み込んだ実践的なアドバイスや、先を見越した税務のアドバイスができるように、ここで今一度、「特別受益」「寄与分」「遺留分」について確認しておく意味があります。

　「特別受益」とは、生前における**相続財産の前渡し**と評価される生前贈与

について、相続人間の公平を図るためにその分を先もらいしているとして**相続分を減額**するものです。逆に、「寄与分」とは、存在する相続財産に対して貢献があった、寄与していると評価できる場合に、その寄与を金額で評価して**相続分を増額**するものです。そして「遺留分」とは、被相続人による遺言によっても侵害されえないものとして、一定の法定相続人に確保された相続分となります。**遺留分が侵害**されたという場合、その遺留分を侵害することとなった行為、例えば、全ての財産を長男に相続させるといった遺言は、遺留分を侵害する限りでその効果が否定されてしまうことがあります。ここでそれぞれ問題となるのが、相続分の「減額」や「増額」をどのように算出するのかということです。

具体的にキーワードとなるのは、いわゆる「相続分」とは別の**「具体的相続分」**という言葉です。

民法の条文に規定されている「相続分」「2分の1」（民法900条）などは、「特別受益」や「寄与分」によって修正される前の出発点に過ぎません。修正された最終的な相続分が「具体的相続分」です。

キーワードとなる具体的相続分を理解するために、まずは、民法が定める**相続の基本構造**を確認します。また、遺留分についても、具体的な遺留分額とその侵害額の算出方法が一番の問題になります。遺留分の算定の基礎となる財産をどのように算出するかがポイントとなります。

なお、平成30年、民法の相続編が大きな改正を受けましたが、考え方の骨格は変わりません。税務の分野において、「通達」が変わっても所得税法、法人税法の基本、所得課税の根幹が変わることはないのと同じです。

とにかく具体的に、なぜそうした規定があるのかと考えていけば、改正によって変わったとしても、意味するところは容易に理解できるものとなります。

第1章

相続制度の基本　民法相続編
― 相続税法との関わり ―

相続税法においては、相続税の納税義務者は、まず「相続又は遺贈により財産を取得した」個人とされています。(相続税法1条の3　1項1号)
　また、相続税の課税価格も、「当該相続又は遺贈により取得した財産の価額の合計額をもって、相続税の課税価格とする」(相続税法11条の2　1項)とされています。
　そこで、大前提として、**相続により財産を取得**したといえるのか否か、民法での相続が問題になります。
　相続税に関する税務調査においてよく問題となる名義預金の問題－法定相続人である子名義の預金が、親である被相続人の遺産であるとして課税されるもの－は、まさに子名義の預金が相続開始時において相続の対象となる「被相続人の財産に属した一切の権利義務」(民法896条)に当たるのか否かという**民法上の事実認定**の問題です。
　このように、相続税に対して、税務調査を見据えて対応しよう、アドバイスをしようとすると、民法882条以下における相続編の理解は不可欠です。さらには、遺留分減額請求の効果として「物権的効力」という言葉が登場するように、**債権や物権という民法の基本的な体系**の理解も本来、欠かせません。もっとも、この遺留分減殺請求については、その効果は平成30年改正によって、金銭請求権という債権に過ぎないものと改正されました。
　いずれにしても、民法上の相続の仕組みをしっかりと理解しておけば、税務調査の際でも調査担当職員、さらにはその先にいる国税局の審理課の職員ともロジカルなやりとりが行え、納税者も納得のいく解決が導き出される可能性が高まります。

1 「相続」とは

民法882条が民法相続編の第1条となります。

「相続は、死亡によって開始する」

では、開始する「相続」とは何なのでしょうか。

民法896条1項本文、「相続人は、相続開始の時から、被相続人の財産に属した一切の権利義務を承継する」とされます。

そして、相続人が数人いる時は、「相続財産は、その共有に属する」（民法898条）とされます。

ここでの共有とは、民法249条以下に規定される「共有」とその性質は異ならないと解されています（最高裁昭30.5.31判決（民集9.6.793））。つまり、「各共有者は、**共有物の全部について**、その持分に応じた使用をすることができる」関係にあることになります（民法249条）。「共有物の全部」を使用できるのであり、3分の1の共有持分だから、対象物の3分の1しか使えないといったものではありません。もっとも、「持分に応じた」ものであり、他の共有持分者の持分を否定することはできないため、調整が必要となります。さらには、その共有持分を第三者に譲渡して処分することも認められます。

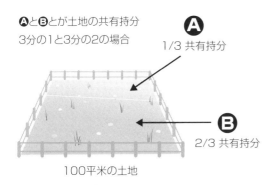

❹と❺とが土地の共有持分
3分の1と3分の2の場合

Ⓐ 1/3 共有持分
Ⓑ 2/3 共有持分
100平米の土地

AとBは、共有持分を有するに過ぎない場合でも、それぞれが100平米の土地全部を使用する権利を有します。もっとも、その持分に応じたものであることから、使用方法について他の共有持分者との協議が必要となります。3分の1のスペースであれば自由に独占的に使用できるというものではありません。

また、「所有権以外の財産権」については、**「準共有」**となります（民法264条）。例えば、遺産である株式などは相続によって遺産分割が成立するまでの間は、相続人間で準共有となります。

　所有権とは、物を使用、収益、処分する権利であり（民法206条）、**物に対する権利**として物権といわれます。不動産、動産といった有体物に対する権利です。物権は、人に対する権利ではありません。人を所有することはできません。

　他方で、株式などは会社に対する議決権、配当要求権などの権利を内容とするものであり、物に対する権利とは異なります。これらは、**人・法人に対して要求する権利**として、物権ではなく債権といわれます。こうした権利もまた、相続の対象となり、共有状態となります。こうした債権等の所有権以外の財産権を数人で有する場合は、共有と区別され、準共有といわれます（民法264条）。株式の準共有状態に関しては、権利行使につき次のとおり規定されています。

> **会社法106条**
> 株式が2以上の者の共有に属するときは、共有者は、当該株式についての権利を行使する者1人を定め、株式会社に対し、その者の氏名又は名称を通知しなければ、当該株式についての権利を行使することができない。ただし、株式会社が当該権利を行使することに同意した場合は、この限りではない。

　株式が準共有されている場合、株式会社からはその各人の共有持分は分かりにくいものです。そのため、各準共有者から権利行使されても対応しかねることになります。

財産権の種類

物権	有体物に対する権利	占有権、所有権、抵当権、質権など	参照 民法180条以下
債権	人に対する権利	代金支払請求権、賃借権、返還請求権、損害賠償請求権など	参照 民法399条以下
		利益配当請求権、著作権、特許権、商標権など	

※物権は法律に定められたものだけです（民法175条物権法定主義）。

そのため、株式については、相続人らは株式を「共有」するわけではないという意味で、「準共有」する関係とされます。遺産として1万株の株式があった場合、子である相続人が4人の時はこれを2500株ずつ有するというものではありません。持分、相続分として全株、一株一株に対して4分の1ずつの権利を有するという関係が株式の「準共有」という関係です。これは100平米の土地の共有の場合、25平米ずつ所有するというのではないというのと同じです。

「相続分」とは

では、この共有の場合に問題となる「持分」とは何でしょうか。

これが、相続においては**「相続分」**となります。「各共同相続人は、**その相続分に応じて**被相続人の権利義務を承継する。」（民法899条）とされます。

そこで、よく知られている、「法定相続分」として、配偶者の相続分は2分の1、子の相続分はその残りの2分の1について、「数人あるときは、各自の相続分は、相等しいものとする。」（民法900条）とされ、子が3人なら、

2分の1の3分の1、すなわち6分の1として、各自の「相続分」が法定されることになります。

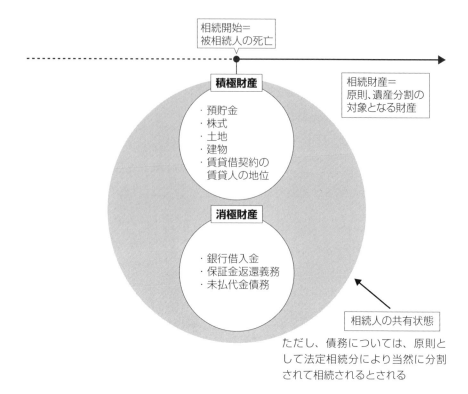

なお、遺産となる預貯金については、従前、法律上、相続の開始と同時に、法定相続分に応じて当然に分割されるため、遺産分割の対象財産にはならないとされてきました。しかしながら、その考えは平成28年12月19日の最高裁決定（民集70.8.2121）によって見直されることとなりました。遺産分割において緩衝材的に有益な預貯金を調整材料として利用できない不都合に配慮したものです。そのため、遺産分割が成立するまでは、遺産となる**預貯金は相続人らの準共有**となるところ、権利行使―払戻請求―に支障をきたすとして、平成30年改正により、遺産分割協議が成立する前であっても一定額は支払請求ができるとされ（民法909条の2）、さらには、別途仮分割の仮

処分による払戻請求の制度が認められることとなりました（家事事件手続法200条3項）。

■ **「遺産分割協議」とは**

不動産などの共有の場合、「各共有者は、他の共有者の同意を得なければ、共有物に変更を加えることができない」とされています（民法251条）。また、共有物の管理に関する事項は、「各共有者の持分の価格に従い、その過半数で決する」こととされています（民法252条）。仲のよい共有者らであれば問題はありませんが、対立関係にある場合、共有物の有効な活用ができない事態となってしまいます。

そこで用意されているのが、**共有物の分割請求**です。これは、共有関係を法律の力で解消してもらうというものです。他の共有者の持分を一人の共有者が買い取る、あるいは、売却してその代金を共有者間で分け合うという形で、膠着した共有関係が解消されることになります。この解消方法の話し合いが共有者間でまとまらないときは、裁判所に分割を請求することができます（民法258条）。このとき、裁判所が行う分割方法としては、土地の分筆などの**現物分割**もあれば、他の共有持分を買い取るといった**価額賠償**による分割もあります。また、現物分割ができないとき、又は、分割によって価額を著しく減少させるといったときは、裁判所は**競売を命ずる**こともできます。

このような共有物の分割に対して、被相続人の財産に属した一切の権利義務を承継した相続人らにおける「共有」状態を解消する手段、それが「遺産の分割」といえます（民法906条）。

当事者である相続人らで遺産の分割方法の協議がまとまればよいですが、そうではない場合、後述するように裁判官が分割方法を**審判**で決めることになります。このときの**分割の指針**が次の民法906条です。

> **民法906条**
> 遺産の分割は、遺産に属する物又は権利の種類及び性質、各相続人の年齢、職業、心身の状態及び生活の状況その他一切の事情を考慮してこれをする。

■ **遺産分割協議の場面での争点**

　遺産分割協議において相続人らが揉める場合、次の**❷**で紹介するような何が遺産なのかという遺産の範囲等が争点となりえます。しかしながら、実務上、やはり多いのは具体的相続分を巡る、**特別受益**と**寄与分**についてです。

　特別受益とはどういうものか、また寄与分とはどういうもので、実務上の取扱いは現状どのようなものかについては、第2章以下で詳しく解説していきます。

　この特別受益と寄与分との実際の意義と実務の感覚を理解することによって、**相続税対策として生前贈与**をする際、またさらには**遺言作成**に当たって助言をする際等においても、さらに先を見据えたアドバイスをすることが可能となります。

　生前贈与については、民法上、特別受益や遺留分侵害の際に影響してくることとなりますので、相続税の軽減、節税だけを考えて生前贈与をしていると結局、民法上の相続紛争において受贈者や相続人に大きな遺恨、紛争を残し、相続人らに予想外の負担を及ぼすことになりかねません。相続、遺言についてアドバイスをするのであれば、実際に起こっている紛争を踏まえて、紛争予防に本当に役立つ先々を見越したアドバイスをする責任があります。そのためには、**特別受益と遺留分の正確な知識**が不可欠なのです。

2 相続に関して紛争になるポイント

　相続の問題に関しては、公正証書遺言であれ、自筆証書遺言であれ、**遺言があるのか否か**でその後の**流れ、手続が大きく変わります**。

　なぜなら、相続とは、基本的には亡くなった被相続人の財産についての、次の帰属先を決める問題といえますが、「遺言」という制度は、自身の財産について自身が亡くなった後の次の帰属先を、自身が生きているうちに指定することができる制度であるからです。自身の財産であれば、人にあげるのも、壊すのも、売るのも、貸すのも自由であるのと同様に、遺言制度は、自身が亡くなった後の自身の財産に関して、その意思による処分を認める制度といえます。よって、**遺言**は、**遺産分割協議を不要とさせることも可能**であり、相続人間の紛争を予防するための効果的な方策にもなりえます。

　しかしながら、昨今、遺言があったためにまた別のトラブルが起きるということがあります。遺言は紛争予防の方策として、**実は万能ではありません**。「遺言があるとき・ないとき」、それぞれで異なる法的な問題が発生する可能性があります。

　そこで、相続における大きな分かれ目として、まずは遺言の有無で何が問題となりうるのかを検討しておきます。

❶ 遺言があるとき

(1) 遺言の有効性

　遺言がある場合、まずその遺言が**法的に有効**といえるのか、効力を有するのか否かが争われます。無効であれば、その遺言は存在しないこととなり、遺産分割の必要性が出てきます。

　では、遺言の有効性が争われる場合どのような点が争われるのでしょうか。

■ 方式違背

まずは、遺言の方式とされる要件です。つまり、**法律が要求する要件**を満たしていないとして無効主張されることがあります。

まず、**公正証書遺言**の場合、次の法律に定められた要件を満さない場合は無効となります（民法969条）。

・証人2人以上の立会い。（遺言の内容と利害関係のない人に限られます。）
・遺言者が遺言の趣旨を公証人に口授すること。（口頭で述べることです。）
・公証人が、遺言者の口述を筆記し、これを遺言者及び証人に読み聞かせ、又は閲覧させること。
・遺言者、証人が、筆記の正確性を確認し、署名し、印を押すこと。

公正証書遺言であっても、公証人に対する遺言者の**「口授」**（民法969条2号）がなかったとして遺言を無効とした判決がいくつかあります（例えば、東京高裁平27.8.27判決（判時2352.61）「遺言者が公証人に自分の言葉で遺言者の財産を誰に対してどのように処分するかを語らずに、公証人の質問に対する肯定的な言辞、挙動をしても、これをもって、遺言者が遺言の趣旨を公証人に口授したということはできないものと解するのが相当である。」）。実務では、公証人は、遺言書あるいはその代理人と予め打合せをして遺言公正証書の下書きの原稿を作成します。本番では、公証人はそのまま口頭で原稿を読み上げ確認するだけで、遺言者はそれにうなずくだけだったというケースです。

また、**自筆証書遺言**に関しては、次の要件が必要とされています（民法968条）。

・全文、日付、氏名の自書、押印。
・加除修正は、場所を指示し、変更した旨を付記し、署名押印をする。

「自書」というのは文字通り、**自身で全てを書くこと**が必要とされていることになります。もっとも、この遺言の方式の厳格性について、自筆証書遺言に関しては、平成30年改正によって一部緩和されました。例えば、従前、多数の預貯金あるいは不動産を有する場合、各遺産を特定する必要から遺産目録を作成する等の工夫がされていましたが、自筆証書遺言については、この目録すらも全て自筆で書くことが要件とされていました。しかしながら、平成30年改正によって、こうしたいわば機械的な部分については、パソコンで目録を作成したり、通帳のコピーの添付によったりする特定方法でも、自筆証書遺言としての効力を認めることとされました。もっとも毎頁に署名、押印が必要とされています（改正民法968条2項）。この法改正のうち、自筆証書遺言の方式緩和に関しては、**施行日は平成31年1月13日**と他の改正の施行日よりも先に施行されています。他の改正事項の施行日は、基本的には**令和元年7月1日**です。ただし、新設された配偶者居住権等の条項については令和2年4月1日が施行日とされています。

■遺言能力

さらに、争われる要素として多いのが、**認知症等を理由とした遺言能力**の点です。遺言能力とは、遺言の内容及び当該遺言に基づく法的結果を弁識、判断するに足りる能力です。これは医学的な側面と遺言内容の複雑性等から総合的に判断されています。

裁判例においては、もちろん医学的科学的な要素の考慮が大きいとされてはいますが、法律上の判断となりますので、おおよそ次のような点が判断要素とされています（土井文美「遺言能力（遺言能力の理論的検討及びその判断・審理方法）」（判タ1423.15））。

①遺言者の年齢、②病状を含めた心身の状況及び健康状態とその推移、③発病時と遺言時との時期的関係、④遺言時及びその前後の言動、⑤日頃の遺言についての意向、⑥受贈者との関係、⑦遺言の内容（複雑か単純か等）等

となっています。

■ 執行可能性

　また、上記の形式面、実質面に問題がなかったとしても、その遺言は本当に**執行することができるのか**、例えば、相続させるという不動産について特定されていないような場合では、遺言に書いてある内容の実現ができない、執行ができないという問題が生じます。具体的には、建物Aを長男甲に相続させるという遺言があるのに、当該建物Aは既に取り壊されていて存在しないといった場合、あるいは長女乙に現金1,000万円を相続させるとあるものの、預金現金について遺産としては500万円しかなかった場合などです。

　遺言書を作成する場合は、執行可能性もよく検討する必要があります。この点は、一度遺言書を作成しても、その後5年、10年と経過しているような場合は、遺言者の資産状況を反映しているのかなど、見直すのが有効です。

　以上が、遺言がある場合の遺言それ自体に関するよくある問題です。

（2）遺留分

　では、遺言さえ有効であれば、相続人らの間で紛争は起こらないのでしょうか。もちろんそうではありません。

　有効な遺言がある場合、次に問題となるのが「遺留分」です。

> **改正民法1042条1項（民法1028条1項）**
> 兄弟姉妹以外の相続人は、遺留分として、次条第1項に規定する遺留分を算定するための財産の価額に、次の各号に掲げる区分に応じてそれぞれ当該各号に定める割合を乗じた額を受ける。
> 　1号　直系尊属のみが相続人である場合　3分の1
> 　2号　前号に掲げる場合以外　2分の1

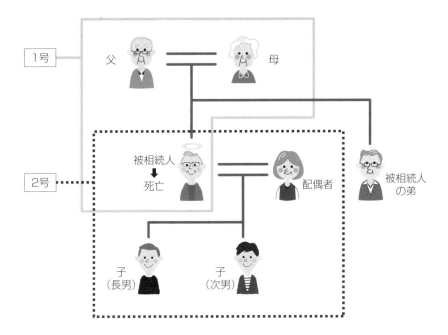

　1号は、例えば、配偶者も子もおらず、直系尊属である父母のみが相続人の場合で、その父母2名の遺留分は被相続人の財産の3分の1ということになります。

　2号は、1号以外の場合ということになり、典型的なのは、配偶者と子が法定相続人という場合で、図示した配偶者と子2名のこの3名の遺留分は被相続人の財産の2分の1ということになります。

　遺留分権利者ら全員の遺留分が、被相続人の財産の「3分の1」あるいは「2分の1」認められるということです。

　2号の場合、「2分の1」の遺留分につき、さらに同人らの法定相続分で分割されるものが各自の遺留分となります。先ほどの配偶者と子2名の事例では、配偶者の法定相続分は2分の1ですので、「遺留分2分の1」に対して法定相続分2分の1ということで、4分の1の遺留分があるということになります。また、子ら2名は、「遺留分2分の1」につき、さらに法定相続

分2分の1で4分の1、また子2名で2分の1ずつとして子2名は各自8分の1の遺留分があるということになります。

特に大きな紛争になりがちなのは、2号の場合です。つまり、相続人が子らだけである場合で、要するに、**兄弟姉妹間での紛争**です。なお、遺留分権利者を定める改正民法1042条1項は「兄弟姉妹以外の相続人は」と規定しており、被相続人の兄弟には遺留分はありませんので注意してください。

ここでも「相続分」と同様に誤った理解をされがちなのが「遺留分」という言葉です。

「遺留分」を持つということは、改正前の民法においては、「遺留分を保全するのに必要な限度で、遺贈及び前条に規定する贈与の減殺を請求することができる」(民法1031条) ということです。つまり、被相続人による遺贈や、生前の贈与によって、自身の「遺留分」が侵害されている場合、遺留分を確保するために、「減殺を請求」できるということです。遺留分が侵害されている場合に問題となるという点は、平成30年改正によっても変わりません。ただし、平成30年改正前は遺留分権利者は、遺留分を侵害することになる遺贈や、贈与を受けたものに対して、**遺留分減殺請求**を行えるとされていました。この効果について、平成30年改正前は、遺贈や贈与といった被相続人の財産処分の効果が**遺留分を侵害する限度で法的に否定**されるとされていました。すなわち、遺留分減殺請求の効果として、当然に、遺留分権利者は**当該目的物の権利を割合的に取得**するとされていたのです。これが、**物権的効果**を有するとされたものです。

ただ、この遺留分減殺請求の効果については、物権的効果を有するとされていた点に関しては、平成30年改正によって変更されました。すなわち、**「遺留分侵害額請求権」**として、**侵害された相当額の金銭請求権**を有するものとされ、**贈与・遺贈の効果自体は否定されない**ものとされました。遺留分権利者の保護としては上記のような物権的効果までは認めず、金銭請求を認めることで**遺留分権利者の保護は十分**との趣旨によるものです。

もっとも、一番重要なのは、**遺留分侵害額はいくらなのか**という点であることは異なりません。以下は、平成30年改正前の事例として検討していきます。

　「遺留分」という言葉は、民法の中でしか登場しません。この民法1028条（改正民法1042条1項）でいう「遺留分」は、被相続人の財産の2分の1や、3分の1とされていますが、次のような場合は実際に遺留分として何がどのように問題となるのでしょうか。

遺産総額1億円
相続させる旨の遺言によって、長男に**7,000万円の土地**を相続させ、
次男には**2,000万円の現金**を、
三男には**1,000万円の株式**を相続させる。

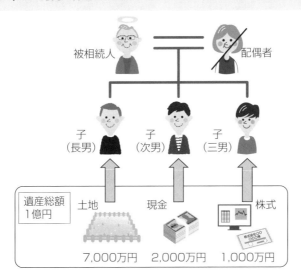

　「遺留分」としては、子全体として「被相続人の財産の2分の1」の5,000万円の額が確保されていることとなりそうです。しかし、次男と三男は、2人の財産取得価額をあわせても合計3,000万円しかなく、それでは、遺留分額の5,000万円には足りないと主張して、長男が相続する7,000万円の不動産の取得について否定し、5,000万円に足りない2,000万円をさらによこせ

と長男にいえるのでしょうか。

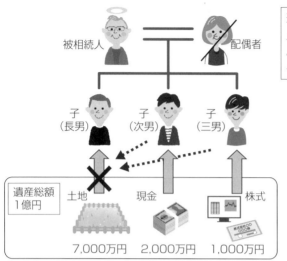

　民法1031条の「遺留分を保全するのに必要な限度で」の「減殺を請求することができる」という規定における遺留分を保全するのに必要な限度とは何を意味するのでしょうか。これは、改正民法1046条1項「遺留分侵害額に相当する金銭」の「遺留分侵害額」と同じ意味になります。

　ここで、**遺留分の侵害額**といわれるものが問題となります。遺留分があったとしても、侵害されていると評価できなければ、遺留分減殺請求はできないのです。

　遺留分制度は、明治31（1898）年の明治民法制定時から規定されていました。この趣旨は、**相続人の生活保障を図る**点にあるなどとされ、**遺言者の意思にも優先**するものとされます。遺言者がいくら自身の財産を好きに処分できるといっても、全財産1億円のうち、全てを長男に取得させ、次男、三男には相続させないということは法が許さないということです。

　次男、三男は、被相続人の子であり、この場合、2分の1の遺留分が確保されます。さらには、子として同等の相続人が3名ということで、法定相続分が3分の1ということから、すなわち1億円×1/2×1/3相当額の遺留

分が各自にあることになります。金額にすると約1,666万円となります。次男、三男は遺言によって何ら相続しないものとされて、仮に相続額が０円であれば、遺留分侵害額は各自約1,666万円となります。そして、長男へ全てを相続させる旨の**遺言によってこの遺留分額が侵害**されるとして、減殺請求を行い、その侵害する限りで遺言の効力は否定されるということです。

先の事例でみると、次男は2,000万円を、三男は1,000万円を相続しています。

そこで、遺留分額は各自1,666万円としても、各自が相続する分は確保されているとして控除されるので、侵害額の計算は次のようになります。

```
次男遺留分額1,666万円－相続する価額2,000万円＝－334万円
三男遺留分額1,666万円－相続する価額1,000万円＝666万円
```

2,000万円の現金を相続する次男にはその遺留分の侵害はないものとされます。

これに対して、三男は遺留分額1,666万円に満たない額しか相続しないため、**遺留分額に足りない666万円相当額が遺留分の侵害額**となるのです。

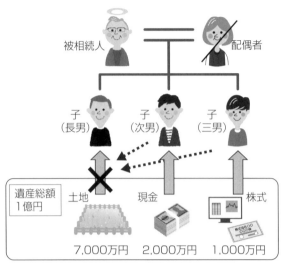

　では、三男のこの遺留分侵害額666万円相当額については、実際には**誰から、どのように**補償されることになるのでしょうか。

　相続させる旨の遺言による長男への指定は7,000万円の不動産です。次男への指定は、2,000万円の現金です。

　三男の666万円の遺留分侵害額につき三男が、長男と次男に対して「減殺を請求」したとして、その権利関係はどうなるのでしょうか。

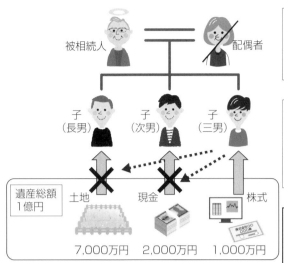

　長男に対しては、長男に対する侵害額相当額分の不動産の共有持分権を有するものと解されます。これは、**減殺請求をすると同時に生じる効果**として、**物権的効力**を有するとされるものです。物権的効力という意味は、長男は三男に対して相当額を支払えといったその行為を要求するのではなく、**当然に、所有権といった物権を三男は取得**するという意味です。長男に対する権利行使はあくまでこの所有権という土地に対する権利に基づくこととなります。例えば、三男は長男に対して、自身が当該不動産の所有権者であることを前提として、登記名義について**所有権に基づく登記移転請求**をすることになります（なお、このような効果、結論が不都合であるとして、平成30年改正ではこの物権的効力は否定されることとなりました。平成30年改正では、遺留分侵害額請求権として**侵害相当額の金銭支払請求権**が発生するに過ぎないものとされました（**債権的効力**）。）。

　ではここにおいて、長男が相続した土地に対して三男が取得する土地の共有持分割合、あるいは侵害請求額は、いくらなのでしょうか。侵害されている666万円全額分となるのでしょうか。次男に対しても、666万円相当額を全額請求できるのでしょうか。長男の土地や長男に対して666万円相当の権

利を有し、さらには次男に対しても666万円相当の権利を有するという結論が不合理なことは明らかです。遺留分侵害額について、実際に、誰に対して、どれだけの権利を有するのかを算出するには、表計算ソフトなどを利用して、遺言によって取得する価額と侵害額等を**割付する必要**が出てくるのです。

この事案では、長男と次男の遺留分を超過する取得額は、次のとおりです。

長男　7,000万円－1,666万円＝5,334万円

次男　2,000万円－1,666万円＝334万円

結果、長男対次男の割合は、5,334万円対334万円、すなわち約94対6となるので、この割合に、三男の遺留分侵害額666万円を割り付けます。

このような計算を経て、三男は、長男に対して約626万円を、次男に対して約40万円相当価額を請求できることになります。

結局、「遺留分」といいますが、具体的に問題となるのは①その相続人における**「遺留分」の「侵害額」はいくらなのか**、また②**誰に対していくら相当を主張できるのか**ということなのです。これは事案ごとに当然異なりますので、「遺留分」としての権利は遺産の2分の1などと抽象的に決まるものではないということです。

そして、この遺留分侵害額を個々具体的に算出しようとする際に問題となるのが、遺留分の算定方式となります。改正民法1043条1項（民法1029条1項）です。

> **改正民法1043条1項（民法1029条1項）**
> 遺留分を算定するための財産の価額は、被相続人が相続開始の時において有した財産の価額に**その贈与した財産の価額を加えた額**から債務の全額を控除した額とする。

同条では遺留分の算定として、被相続人が相続開始の時において有した財産の価額のみならず、**贈与した財産の価額もこれに加える**とされているのです。また債務は控除されると規定されています。

「贈与した財産の価額」とは何を意味するのでしょうか。それが規定され

ているのが、改正民法1044条1項から3項です（民法1030条）。

例えば、亡くなった時点で1億円の額の資産を有していた場合で、さらに、亡くなる半年前に長男に5,000万円を贈与していた場合、基礎となる財産は、1億円＋5,000万円となり、遺留分はその2分の1の相当額である7,500万円として遺留分を算定するということです。

この場合、次男と三男の遺留分侵害額は次の計算式のとおり、次男500万円、三男1,500万円の合計2,000万円となります。

```
次男と三男の遺留分侵害額
（次男）    7,500万円×子3名1/3＝2,500万円
           2,500万円−相続した遺産2,000万円＝500万円
（三男）    7,500万円×子3名1/3＝2,5000万円
           2,500万円−相続した遺産1,000万円＝1,500万円
```

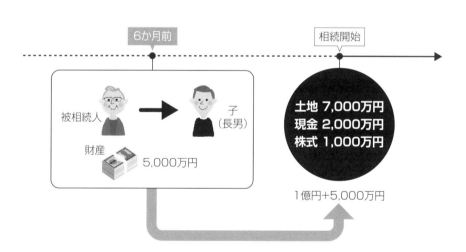

相続開始時の遺産は1億円です。長男が相続する7,000万円に対して、侵害額合計2,000万円分が遺留分減殺の額となります。

したがって長男は、7,000万円−2,000万円＝5,000万円相当額しか取得しないこととなります。もっとも、長男は、被相続人の生前、既に5,000万円の贈与を受けており、合わせて1億円を取得していることとなります。他方、

次男と三男はそれぞれ遺留分相当額として、2,500万円を取得することとなります。遺産の1億円は、遺言者の意思に反して、長男に5,000万円相当価額、次男と三男に各2,500万円相当価額として取得されることとなってしまいました。**生前に長男にだけ5,000万円を贈与していたことの影響**によります。

　遺留分制度により、法が意図する相続人間の公平が図られるということになるのです。もっとも、このような生前贈与は、原則として、**相続開始前の1年間にしたものに限る**とされています（改正民法1044条1項、民法1030条）。受贈者の利益も一定程度図る趣旨から、相続開始前の1年間という限定が付されています。もっとも、当事者双方が遺留分権利者に損害を加えることを知って贈与した時は、そのような保護は不要として、1年前の日より前にしたものについても、価額を算入するとされています。また、平成30年改正前においては、長男に対する遺留分減殺請求権の行使の効果は、物権的効果とされるため、次男と三男は、不動産の価額7,000万円に対して、次男は500万円分の、三男は1,500万円分の共有持分権を有するとされるに過ぎないこととなります。

　この点、平成30年改正による遺留分侵害額請求権によれば、当該金額を長男に対して請求する権利を有するということになります（改正民法1046条）。

（3）遺留分減殺請求における特別受益

　遺産分割において特別受益という制度があります（民法903条）。特別受益とは遺贈、あるいは、生前に被相続人から遺産の前渡しとして得た利益について、相続開始の時において、そうした利益を得ていない他の相続人との間の公平を図るべく、「特別」に「受益」したものとして、相続分を修正しようというものです。

　遺留分の基礎となる財産を計算する際、相続開始の時において有した財産の価額に加算される贈与ですが、改正民法1044条1項（民法1030条）では「相

続開始前の1年間にしたものに限り」と限定されています。

しかしながら、遺留分減殺請求の場面においては、最高裁平10.3.24判決（民集52.2.433）は次のように判示し、法定相続人に対する贈与については要件を満たす限り、このような時間的制限はないものと判示しました。

遺留分減殺請求における特別受益の問題は、①遺留分算定の基礎となる財産に算入されるか否か、②減殺の対象となるか否かという問題に分けられるところ、「**民法903条1項の定める相続人に対する贈与**は、全て民法1044条、903条の規定により**遺留分算定の基礎となる財産に含まれる**ところ」として、①については、特別受益といえる限りは**1年前でも算入される**ものとし、「右贈与のうち民法1030条の定める要件を満たさないものが遺留分減殺の対象とならないとすると、遺留分を侵害された相続人が存在するにもかかわらず、減殺の対象となるべき遺贈、贈与がないために右の者が遺留分相当額を確保できないことが起こり得るが、このことは遺留分減殺制度の趣旨を没却するものというべきであるからである。」として、②についても、肯定しました。この考えは、**改正民法1044条2項**として明記されることになりました。

もっとも、この点、相続人であれば20年前、30年前の贈与でも、対象になりえた点は、平成30年改正によって、**相続開始前10年との限定**がなされました（改正民法1044条3項）。証拠等も定かではない中で、いつまでも過去に遡った特別受益の主張がなされるというような紛争について、時期によって制限されることになった点、平成30年改正では、実務上もっとも意義があるのではないかと考えます。

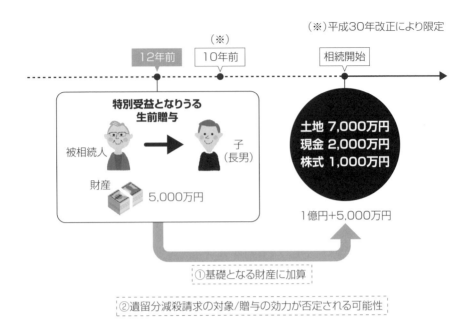

　特別受益について定める民法903条は、相続分に関する規定です。当該条文に関して、平成30年改正前の民法1044条は「遺留分について準用する」と規定していました。

　つまり、民法1029条による「遺留分」の「算定」において、民法903条では「共同相続人中に、被相続人から、**遺贈**を受け、又は**婚姻**若しくは**養子縁組**のため若しくは**生計の資本**として**贈与**を受けた者があるときは、被相続人が相続開始の時において有した財産の価額にその贈与の価額を加えたものを**相続財産とみなし**、前3条規定により算定した相続分の中からその遺贈又は贈与の価額を控除した残額をもってその者の相続分とする。」として、被相続人が生前に行った処分行為による財産であっても、特別受益とされる場合であれば、**相続時に存在する相続財産とみなされ**、当該財産をもとにして遺留分権利者の遺留分が算定されてしまうのです。

　ここにおいても、やはり**生前の贈与行為**が、特別受益に当たるのか否かについてが**遺留分に影響を与える**ということになります。相続税対策としてな

される生前贈与については、ここまで影響がありえることを想定する必要があります。

(4) 遺留分減殺請求における寄与分

なお、遺産分割においては、特別受益の他に寄与分（民法904条の2）というものがあります。この寄与分は、特別受益の裏面ともいえるものです。寄与分とは、相続開始時の被相続人の財産に対して、その維持増加につき特別の「寄与」が認められるような場合、当該寄与分を算定して、寄与者に確保し、それを遺産からは控除し、残りを遺産として分割するというものです。つまり、寄与者に権利を認め、保護することが相続人間の公平に資するとの趣旨です。

この民法904条の2の寄与分については、**遺留分の算定**においては**何ら関係がない**ものと実務では扱われています。しかしながらこの点については、まだ最高裁判所の判断は出ていません。

特別受益が考慮される根拠は、遺留分に関する規定である民法1044条が特別受益の規定である民法903条の準用を定めている点にあるとされています。民法1044条は、寄与分の規定である昭和55年に新設された民法904条の2については、準用していません。

もっとも、特別受益も寄与分も、共にその趣旨は相続人間の実質的な公平にあるとされています。以下、私見ですが、遺留分算定の場面において、特別受益は考慮されて、寄与分は考慮されないというようになる理由はないと考えます。民法1044条による準用条文として民法904条の2が規定されていないのは、そもそも民法904条の2の規定は昭和55年に民法の一部改正による追加された条文であり、民法1044条の準用条文として改正によって含められるべきだったところ、積極的な理由もなく含められなかったに過ぎないからとも考えられます。遺留分算定においても寄与分を考慮するのが法の趣旨に適うと考えます。

この点について、これを否定する考え方は、寄与分の算定は家庭裁判所の審判で行われるべき非訟事項であるからという理由があります。手続上の問題といえますので、寄与分がどのように問題となり、また、どのように認定されるのか、これらについては寄与分の箇所で詳述します。

❷ 遺言がないとき

遺言がある場合であっても、上記①のような様々な問題が起こりえます。これに対して、遺言がない場合はどうでしょう。遺産分割が問題となるだけであり、むしろ実はかえってシンプルともいえます。具体的相続分を決めて、現にある遺産を分けるだけだからです。

では、その過程において、どのようなことが問題となりうるのでしょうか。分割に至る過程で生じうる問題点を確認していきます。

（1）相続人の確定

被相続人の戸籍、除籍を遡り、両親、養父母、子、養子、さらには兄弟の有無を確認する必要があります。

稀に、本人が誰にもいっていなかった子の存在がその死後に明らかになることがあります。また、**亡くなる直近において被相続人が養子縁組**をしていたような場合や、その当時、被相続人が認知症を発症していたような事情がある場合において、養子縁組の意思があったのか否かとして養子縁組無効の争いが生じることがあります。この場合、この養子縁組が無効であったなら相続人が1人減ることになります。

（2）遺産の範囲

実際に問題になりがちなのは、そもそも何を分けるのかという遺産の範囲についての争いです。対象は、**「相続開始の時」**に**「被相続人の財産に属した一切の権利義務」**となります（民法896条）。

① 名義預金、名義借不動産等

　相続税実務においてもよく知られているのは、「名義預金」の問題です。例えば、被相続人の子名義の預金口座の残高が1,000万円あった場合、その預金は実質的には被相続人の財産なのではないかという問題です。これは、実は相続税法の問題というよりも、**民法の問題**です。金融機関に対して預金債権を有するのは誰かという問題であり、事実認定の問題となります。

　名義不動産についても同様です。不動産登記上、所有者は子の名が登記されている場合、その不動産は、本当は被相続人が所有しているものではないのかという問題です。

　こうした**名義と実際の権利者が異なるのではないか**という問題については、誰が権利者かを判断する判断基準について、裁判実務上、考慮要素は決まっています。権利者とされるものが権利者として行動していたのか、それと異なる事実があるなら、それに合理的な理由はあるのか、といった観点から判断されます。名義預金に関しては、具体的には次のような要素が考慮されます（福井章代「預金債権の帰属について」（判タ1213.25））。

　「預金債権の帰属は、定期預金、普通預金を問わず、預金原資の出捐関係、預金開設者、出捐者の預金開設者に対する委任内容、預金口座名義、預金通帳及び届出印の保管状況等の諸要素を総合的に勘案した上で、**誰が自己の預金とする意思を有していたか**という観点から、統一的に判断」されます。

② 使途不明金等

　遺産の範囲として、実務上、さらに問題となるのは、「使途不明金」です。例えば、被相続人が**亡くなる2か月前**、その預金口座が解約され3,000万円が払い戻されていたものの、相続開始当時にその3,000万円の現金は存在せず、どのように使われたのか不明であるという場合です。

通常の場合であれば、被相続人との同居者などの手に渡っているなどと主張されます。解約払戻しがされた同時期に、その同居者が、2,000万円近い高級車を購入していた、当人にはそのような資金はなかったなどの事情があればその同居者が2,000万円の払戻金を受領したとの推定も容易です。しかしながら、被相続人の死亡時にその現金としての存在が確認されない限り、遺産として相続開始時に被相続人の財産として存在するとみるのは、法律上は困難です。遺産分割協議、遺産分割調停においては、**相続時に存在が確認**できない以上、使途不明金の問題は**遺産分割の問題ではなく**別事件として、例えば、権限なく解約して誰かが領得したというなら**不法行為に基づく損害賠償請求**、あるいは、**不当利得返還請求**として解決すべきものとされます。まずは、誰が引き出したのか、その者に権限はあったのかという点について、請求する側が証拠をもって立証する必要があり、金融機関への資料照会等を行い証拠を集めていく必要があります。
　ただ、使途不明金については、相続税の調査などにおいては、税務調査権限の行使により、被相続人の事情はもとより、親族の事情も調査されたうえで、課税財産となるとして課税処分が行われることがあります。
　なお、平成30年改正による改正民法906条の2（遺産の分割前に遺産に属する財産が処分された場合の遺産の範囲）は、**相続が開始した後に処分**された場合、遺産分割時に遺産として存在するものとみなすという規定であり、生前の使途不明金は対象とはなっていません。

③　**保険金**
　被相続人の死亡により、契約による保険金受取人が死亡保険金を取得する場合、原則としては、当該保険金等は遺産には含まれないと解されています。法的には、**あくまで保険契約に基づく支払**と解され、被相続人の遺産として**相続によって取得したものとは評価されない**からです。
　そのため、被相続人から遺贈、あるいはその生前に贈与を受けたものと

も評価されず、民法の遺産分割においては、生命保険金は保険金受取人として特定の者が指定された分について相続とは無関係に取得したものであり、特別受益にも当たらないとされています。

しかしながら、例外的に、**特段の事情**があるような場合は、特別受益として遺産に加算されるとされています（最高裁平16.10.29決定（民集58.7.1979））。この特段の事情とは、当該生命保険金を遺産として持ち戻して考慮しなければ、遺産がほとんどないような場合で、例えば、遺産は預金500万円であったのに対して相続人の１人が受け取った生命保険金は１億円であったというような場合として、「保険金受取人である相続人とその他の共同相続人との間に生ずる不公平が民法903条の趣旨に照らし到底是認することができないほどに著しいものであると評価すべき」ような場合とされています。

（3）遺産の評価

遺産の範囲が確定したとしても、それを評価して価額で表されない限り、法定相続分の２分の１、３分の１などといっても、分割するに当たっての指標がなく現実的に分割することができません。

そこで遺産となるものは全て、価額として評価されていくことになります。この価額評価の時点は**相続開始の時**です。

しかしながら、紛争が長期化するなどして相続開始時から遺産分割協議成立の時までに５年以上経過しているということもあります。この間に、遺産の評価が、上場株式などであれば高くなっていることもあるでしょうし、不動産であれば価額が大きく下落していることもありえます。

そのような場合、単純に相続開始時の評価額で遺産総額を計算し、当該遺産を分割するとしても不公平な結果となることがあります。例えば、不動産5,000万円、株式3,000万円として遺産総額8,000万円だったところ、紛争の長期化によって、不動産3,000万円、株式1,000万円、総額4,000万円となっ

ていた場合、**現にそこにある遺産**しか分割できませんので、遺産分割時の評価額を4,000万円基準として分割することになります。

　一般的に、時が経てば経つほど資産価値が上がるようなものは稀です。こうした観点からも、相続紛争は長期化しても実際には誰も得をすることはなく、相続人全員で揃って損をするというのが実態です。紛争にかける**時間的なコスト**は相続資産の価値下落のコストでもあるのです。

①　不動産の評価

　遺産分割協議の場面において、評価について争いになりがちなのが不動産です。

　建物については、その価額が上がることはないのが日本の現状である以上、**固定資産税評価額**をもって合意することがほとんどです。ただ、場合によっては、解体せざるをえない危険な建物であり、売りに出しても買い手はつかず、評価額は０円ということもありえます。

　ここでの評価という場合、それは**客観的な交換価値**として、時価を意味します。独立した第三者との間での取引価格となります。ただ、これを厳密に求めることは困難です。よくあるのは、相続税の申告書に記載の評価額、**相続税法の財産評価基本通達**による価格を当事者合意のもと、評価額とすることです。

　ただ、高額の不動産であり、争いの金額の幅が大きい場合は、当時者双方が**不動産鑑定士による鑑定**を依頼して鑑定書を提出し、さらには裁判所選任による鑑定士による不動産鑑定が行われることもあります。このとき、不動産鑑定士の報酬は当事者が裁判所に予納する必要があります。鑑定費用は、相続開始時の時価か、あるいはさらに直近の時価かなど、鑑定事項によりますが、裁判所による鑑定の場合は30万円はくだらないことがほとんどです。

　いずれにしても、遺産分割における不動産評価は当事者が争わない限り、

敢えて客観的な評価が追及されることはありません。

② 非上場株式の評価

　評価が難しくさらに問題となるのは、非上場株式の評価についてです。これは、会社法における評価方法もあれば、相続税法上の財産評価基本通達による評価方法もあります。

　ただ、この点も遺産分割協議においては、**当事者が同意**する限り、その評価方法の是非、価額が必要以上に問題となることはありません。

　相続税の申告書記載の評価については、これはあくまでも相続税額の算出のための相続税法における評価であり、実際はもっと高いと争うことも可能です。その場合、時価となる価額はいくらなのか、具体的にはいかなる評価手法を用いて、いかなる修正を加えて評価するのか等の点は主張する側が立証責任を負担することとなります。

　裁判所による鑑定が実施されることもありえますが、鑑定人は公認会計士の選任が多いでしょう。税理士の場合、その判断基準は税法基準で行われているからです。税法の場合、課税の公平という観点での修正が多い点、特殊性があります。

③ 遺産分割の対象とならない財産

　遺産ではあるものの、遺産分割の対象にはならないとされる財産もあります。**被相続人に一身専属的な権利**などです（民法896条ただし書）。例えば、生活保護法に基づく保護受給権、公営住宅を使用する権利などです。

　そのほか従前、遺産分割の対象ではないとされていたのが金融機関に対する**預貯金の払戻請求権**です。

　この権利は、100万円、150万円といった払戻請求権であり、相続人が子の2名、3名であれば、1名当たり50万円ずつといったように分けることができる債権（可分債権）であり、相続開始とともに法定相続分に応

じて法律上当然に分割されるものであるという判断でした。**当然に分割**されるので、遺産分割の協議をする必要性がそもそもないのです。

しかしながら、そのような取扱いは、預貯金は皆で協議をして分けるべきという当事者の感覚にも沿わず、また実際、預貯金が遺産分割において不動産との対比で、柔軟な調整金として利用できることから、実務では、**当時者が合意**すれば、調停においては遺産分割の対象として取り扱うという対応がとられていました。

しかしながら平成28年12月、最高裁は、普通預金債権、通常貯金債権及び定期貯金債権は、相続開始と同時に当然に相続分に応じて分割されることはなく、遺産分割の対象となると判示するに至りました（最高裁平28.12.19決定（民集70.8.2121））。遺産分割の対象となる遺産が他にはなく、預金債権が法定相続分で分割されるとすると、1人は他の共同相続人に比べてわずかしか相続できない結果になってしまい、相続人間の公平が害されるという事情が考慮されました。

もっとも、この最高裁決定を踏まえると、遺産分割協議が成立するまでは、預金の払戻請求ができないという不都合が生じます。例えば、葬儀費用の工面は被相続人の残した預金によるしかないといった場合、残された相続人が困る事態となります。そこで平成30年改正は、次の民法909条の2として**仮払制度**を創設しました。令和元年7月1日から施行予定です。

> **民法909条の2**
> 各共同相続人は、遺産に属する預貯金債権のうち相続開始の時の債権額の3分の1に第900条及び第901条の規定により算定した当該共同相続人の相続分を乗じた額（標準的な当面の必要生計費、平均的な葬式の費用の額その他の事情を勘案して預貯金債権の債務者ごとに法務省令で定める額を限度とする。）については、単独でその権利を行使することができる。この場合において、当該権利の行使をした預貯金債権については、当該共同相続人が遺産の一部の分割によりこれを取得したものとみなす。

また、相続人らの間において遺産分割の対象にならないものとして、**被相**

続人の債務**があります。これは、以前の預貯金債権の取扱いと同様に、可分なものとして、相続開始と同時に、**法定相続分**によって、**分割された債務**を各相続人が負担すると解されています。例えば、3,000万円の借金を残して被相続人が亡くなった場合、残された配偶者と2人の子に関しては、法定相続分により、配偶者は2分の1の1,500万円、子は2分の1の2分の1ずつ、750万円ずつの負債を相続したものされます。この点、相続人らの協議により、3,000万円は配偶者が全て相続すると合意することはでき、当事者の間では有効です。しかし、その合意を債権者に主張することは認められません。債権者にすれば、相続人らの協議によって、ほとんど資産のない配偶者にしか請求できなくなるという事態になりかねず、不合理だからです。

（4）具体的相続分

　以上のとおり、相続人、遺産、遺産の評価総額が分かりさえすれば、あとは、相続分2分の1、3分の1などと法定相続分によって、誰がどの遺産をどのように分割して取得するのかを決められるのでしょうか。しかしながらそうではありません。

　ここからがまたさらに困難な状況となりがちなところです。それが具体的相続分の算定です。

　例えば、相続開始当時に遺されていた遺産、不動産5,000万円、預貯金4,000万円、上場株式3,000万円の総額1億2,000万円を、相続人である子ら3名で分ける場合、4,000万円ずつで取得するようにすれば常に公平でしょうか。

　遺産分割協議に当たっては、相続が開始する前の事情として、**被相続人と相続人との生前の関係**を必ず聞き取り、調査、確認する必要があります。

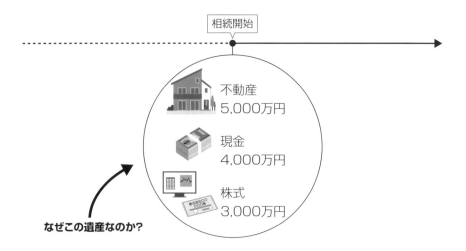

　生前の事情として確認すべき事柄は何でしょうか。それは、その相続財産がなぜ相続開始当時に1億2,000万円なのかという、**財産の形成過程**について、**相続人がどのように関わっているか**という点を必ず確認する必要があります。

　つまり、**なぜ1億2,000万円なのか**、**実際にはもっとあって**然るべきなのではないか、あるいは**実際にはもっと少なかった**のではないか、という視点を持たなくてはいけないのです。

　この点については第2章以下で詳述する特別受益と寄与分に関する事柄となります。

　これまで述べてきているとおり、相続とは基本はその被相続人が残した遺産について、相続人が権利を承継するという制度です。あるいは清算制度ともいわれます。明治民法においては、家督相続として戸主から戸主への相続が基本であり、子であっても法的権利が異なりました。しかしながら、昭和21年に日本国憲法の制定を受け、個人の尊重という理念のもと家制度は否定され、明治民法も改正されました。相続に関しては、被相続人の財産の承継者、法定相続人として、配偶者や子が位置付けられ、特に子はその立場に

おいて、兄弟姉妹に差は設けられていません。よって、子として同じ立場であれば、遺産に対する法定相続分も平等です（嫡出子と非嫡出子の法定相続分に差を設けていた民法900条4号ただし書前半部分は平成25年9月4日、最高裁大法廷の違憲決定を受け、改正され削除されました。また、この決定を受けて相続編の見直しとなり、平成30年改正へとつながっています。）。

しかしながら、確かにそれだけの遺産はあるものの、実はそのうちの1人が、既に1億円の金銭をもらっていたというような場合では、果たして、遺された遺産をそのまま法定相続分で均等に分けるのが平等といえるでしょうか。こうした観点から相続人の利害を調整する1つの制度が**特別受益**です。

また、確かにそれだけの遺産はあるものの、それだけの遺産が残った理由として、実はそのうちの1人の相続人が、十分な対価を得ることなく、被相続人が行っていた事業に貢献していた、あるいは、1億円を贈与していたといった場合、その遺された財産を子らで均等に分割するのは、かえって相続人間において公平に反するのではないでしょうか。他の相続人の特別な貢献があったからこそ被相続人が死亡時にそれだけの財産を遺せたと評価できる事情がある場合、相続人間において取得する割合を調整するもう1つの制度が**寄与分**となります。

（5）分割方法－具体的に何を、どのように分割するのか。

遺産の分割方法に関しては、「遺産に属する物又は権利の種類及び性質、各相続人の年齢、職業、心身の状態及び生活の状況その他一切の事情を考慮してこれをする」（民法906条）との指針が法定されています。何を誰にどのように分割するのかについて相続人間で協議が調えば問題はありません。しかし、この協議が調わない場合、最終的には裁判所か分割方法を決めることになります。このとき、裁判所に対する指針が上記の項目です。

裁判所での審判によって分割される場合、分割方法としては次の3つの類型となります。

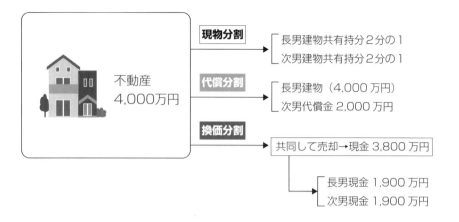

①　現物分割

　例えば、遺産として、被相続人が暮らした一軒家Aと賃貸に出していた一軒家Bがあるような場合において、共に評価額が4,000万円であり、相続人は子2人であったようなときは、1人の子はA不動産を、もう1人の子はB不動産を取得するとすれば、その後、不動産についての紛争は生じないでしょう。

　では、相続人は子2人であるものの、遺産は、被相続人が暮らした4,000万円の一軒家しかない場合はどう分ければよいのでしょうか。

　それぞれが共有持分2分の1として当該一軒家を取得することになるのが現物分割です。

　しかし、このような現物分割は、**相続時の共有状態を確定**させただけであり、紛争状態になっている者らが共有者として円満に不動産を利用できるとは思えません。

　このようなときに考えられるのが、次の代償分割、あるいは換価分割です。

②　代償分割

　代償分割とは、例えば、上記の一軒家に長男が暮らしており、取得を希

望するというような場合において、また、長男は自己の資産として相当額の預貯金を有するようなときに、裁判所は当該不動産は全て長男が取得し、次男に対しては、代償金として4,000万円の2分の1である2,000万円を支払えという審判を行います。これが代償分割です（家事事件手続法195条）。

③　**換価分割**

　上記のようなケースで、一軒家については誰も取得を望まない場合はどうするのでしょうか。裁判所は**換価分割**として、当該不動産を売却し、その換価代金を相続分で取得するという審判（競売）を行います（家事事件手続法194条）。ただ、実際に換価するには審判確定後に、**別途、競売の申立て**が必要となり、予納金等の費用を要することになります。

　なお、この遺産分割の場面において、被相続人の配偶者が居住する建物がある場合、そのまま当該建物で暮らし続けたいが代償金を用意できないようなとき、そうした理由で配偶者がその居所を奪われることのないように平成30年改正で次のような制度が創設されました。**配偶者居住権**（改正民法1028条）、**配偶者短期居住権**（改正民法1037条）といわれるものです。

　配偶者居住権とは、被相続人の配偶者が相続開始時に被相続人が所有する建物に居住したい場合に、**終身**、当該建物に無償で暮らし続けることができる権利とされます。もっとも、この配偶者居住権は**権利として評価**され、配偶者が遺産分割で取得するものとしての評価対象になるとされています。その評価方法については、平成31年度税制改正において、配偶者が取得した**配偶者居住権**及び**敷地利用権**は、相続税の課税対象として、次のように評価するとされました。また、配偶者居住権は**設定の登記**ができます。この登録免許税は、居住建物の価額（固定資産税評価額）に対し、1000分の2の税率によるとされます。なお、遺産分割が成立するまでの

配偶者短期居住権は相続税の課税対象とはしないとされました。

① 配偶者居住権
建物の時価－建物の時価×（残存耐用年数－存続年数）／残存耐用年数×存続年数に応じた民法の法定利率による複利現価率

② 配偶者居住権が設定された建物（以下「居住建物」という。）の所有権
建物の時価－配偶者居住権の価額

③ 配偶者居住権に基づく居住建物の敷地の利用に関する権利
土地等の時価－土地等の時価×存続年数に応じた民法の法定利率による複利現価率

④ 居住建物の敷地の所有権等
土地等の時価－敷地の利用に関する権利の価額

(注1) 上記の「建物の時価」及び「土地等の時価」は、それぞれ配偶者居住権が設定されていない場合の建物の時価又は土地等の時価とする。
(注2) 上記の「残存耐用年数」とは、居住建物の所得税法に基づいて定められている耐用年数（住宅用）に1.5を乗じて計算した年数から居住建物の築後経過年数を控除した年数をいう。
(注3) 上記の「存続年数」とは、次に掲げる場合の区分に応じそれぞれ次に定める年数をいう。
　(イ) 配偶者居住権の存続期間が配偶者の終身の間である場合 配偶者の平均余命年数
　(ロ) (イ)以外の場合 遺産分割協議等により定められた配偶者居住権の存続期間の年数（配偶者の平均余命年数を上限とする。）
(注4) 残存耐用年数又は残存耐用年数から存続年数を控除した年数が零以下となる場合には、上記①の「(残存耐用年数－存続年数)／残存耐用年数」は、零とする。

3 裁判所の役割
－調停、審判、訴訟事項・家庭裁判所と地方裁判所－

　遺言がなくても紛争になりますし、遺言があったとしても紛争は起こります。

　法律による手立てによって相続に関する紛争を完全に防ぐことは不可能といえます。父親、あるいは母親が健在であるから、兄弟間の不仲は表面化しませんが、重しとなる親がいなくなった途端、あるいは健康面等からその力が弱くなった途端、それまでの兄弟間の不平不満が爆発する、または特別に自身が財産を欲する者が傍若無人な行動を取り始め、そのために紛争が激化するというのが相続紛争です。

　当事者間で解決できなかった場合は、双方に代理人がついたとしても、代理人間での協議で解決に至るということも稀です。相続紛争の解決の仕方や根底には感情が横たわることを知らない代理人、あるいは知っているが意に介さない代理人がついた場合は、さらに火に油を注ぐことにもなります。

　そこで登場するのが第三者、すなわち**裁判所による手続での紛争解決**となります。

　相続に関する紛争について登場する裁判所は2つあります。**家庭裁判所**と**地方裁判所**です。相続であるからといって登場するのは家庭裁判所だけではありません。家庭裁判所において、家庭内の紛争として調停は受け付けるものの調停で合意に至らない場合、それは家庭裁判所での裁判官による**審判事項**ではなく、地方裁判所において争うべき事柄であり（**訴訟事項**）、地方裁判所で争うべきとされるものがあります。

　調停を申し立てる段階において、合意に至らず調停が成立しない場合、次はどのような手続となるのか、争っている事柄は家庭裁判所における審判事項なのか、あるいは地方裁判所に訴え提起を要する訴訟事項とされるものなのか、この2種類の事柄の違いを正確に理解しておくことが肝要です。相続

043

紛争の全体の見通しに関わることになるからです。

(1) 家庭裁判所

　家庭裁判所が扱う典型的な事件としては遺産分割事件があります。

　家庭裁判所においては、基本的には、まずは**調停手続**が実施されます。何回かの調停期日を経て、対立が激しく話し合いでの解決は困難である、合意の見込みがないということであれば、**調停は不成立**とされます。

　そして調停申立時に家事審判の申立てがあったものとして手続は自動的に**審判手続**に移ります（家事事件手続法272条4項）。審判は当事者の話し合いの場ではなく、裁判官が主張と事実から法律に基づき分割方法等の判断を示す手続です。

　具体的相続分を巡る紛争となる特別受益と寄与分についても、当事者間での合意が得られない場合であれば、法律上、最終的には審判手続において裁判官によって決められます。寄与分については**寄与分を定める処分**の審判手続となります。

　裁判官は、特別受益と寄与分の条文に従い、証拠から事実を認定し、審判書によりその判断を示します。

　したがって、相続対策について事前に相談を受けて対策を検討するときも、行き着くところまでたどり着いて裁判官が判断することとなった場合には、この相続について**裁判官ならどのように判断**するのか、法律実務と裁判官の判断手法となる**事実認定**のされ方や**証拠がどのように評価**されるのかといった判断手法をおさえておく必要があります。

(2) 地方裁判所

　一方、**遺産の範囲**を巡る紛争や、**遺留分減殺請求**に関する問題を扱う裁判所は、家庭裁判所ではなく地方裁判所となります。ただし、調停手続として、話し合いの場を家庭裁判所で設けることはできます（家事事件手続法244条、

257条)。

　しかしながら、調停の場での話し合いがまとまらない場合、遺産分割協議については、自動的に家庭裁判所での審判手続に移りますが、遺産の範囲に関する紛争や遺留分侵害については、それを主張、請求する側が地方裁判所に対して**改めて訴えを提起**する必要があります。

　こうした区分、役割分担の理由については、第5章で詳述します。

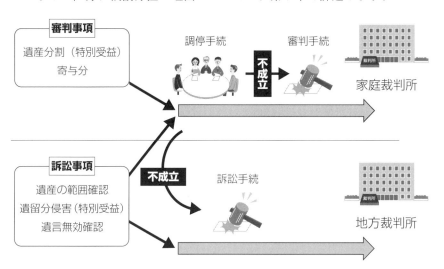

　場面の違い、手続の違いまでおさえておけば、紛争予防はもちろん、紛争となった場合でも、関わった税理士として当事者や関わる弁護士との間で紛争解決に向けて、今がどのような場面なのか、次に何が待ち受けているのかといった現状を共有することができます。

4 まとめ

　以上が、相続で紛争となる場合のおおよその場面と流れです。遺言があっても、遺留分という形で紛争は起こりますし、遺言がなくても不動産の評価や分け方で揉めます。

　そして、当事者間で合意解決ができない場合は、まずは家庭裁判所での調停が利用されます。しかし合意に達することができない場合、遺留分の紛争は地方裁判所への訴え提起となり、遺産分割については引き続き家庭裁判所ではありますが、裁判官による審判手続へと移行します。

　そして、遺産分割にしろ遺留分にしろ、問題を複雑にしがちなのが、生前贈与の取扱いなのです。すなわち、特別受益となるか否かで具体的相続分が異なり、また、遺留分も異なってくるのです。このため、生前贈与の有無とそれが特別受益に当たるのかどうかということで、当事者間の攻防が繰り広げられることとなりやすく、紛争長期化の一因となるのです。

第 2 章

要するに、特別受益とは
―― 各論 ――

1 影響を与える具体的相続分及び遺留分額

　特別受益の制度とは、被相続人がその生前に贈与したもの、あるいは遺贈をしたものについて、相続開始時の財産にその贈与の価額を加えたものを「相続財産と**みなす**」というものです。そして、法定相続分から、この贈与又は遺贈を受けた価額を控除し、その者の具体的な相続分とするという制度です（民法903条）。

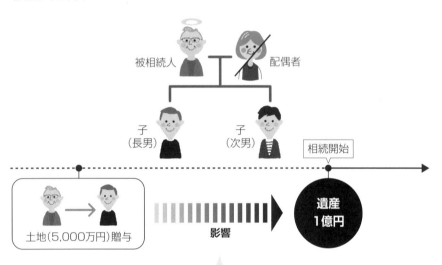

父親死亡―相続人　長男、次男
相続開始時の遺産　1億円
生前に長男に5,000万円の土地の贈与
遺産分割の基礎となる財産　1億円＋**5,000万円**
法定相続分　各2分の1　1億5,000万円×1/2＝7,500万円
具体的相続分　長男　7,500万円－**5,000万円**＝2,500万円
　　　　　　　次男　7,500万円

※　なお、後述のとおり、贈与を受けた土地の持戻しの価額は、贈与時の時価ではなく、**相続開始時の時価**に評価し直された価額になります。この事例では評価については問題ないものとしています。

ここでさらに気をつけないといけないのは、具体的相続分の算出に関わるというだけではなく、この遺贈又は贈与に当たるとすると、遺言があった場合、**遺留分の基礎となる財産の算定**においても、この贈与又は遺贈を受けた価額（特別受益）が加算されるという点です（改正民法1044条2項（民法1044条、903条））。遺言において、特別受益の持戻しを免除する旨の意思表示をしていたとしても、遺留分の方が優先し、減殺請求により、持戻し免除の意思の効果は否定されるとされています（民法903条3項「遺留分に関する規定に違反しない範囲内で、その効力を有する。」）。

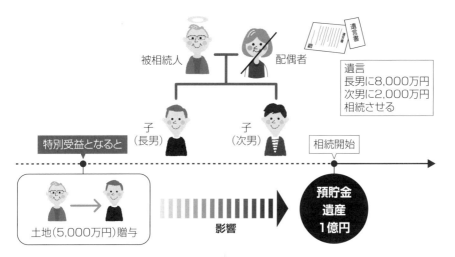

相続開始時の遺産　預貯金1億円
遺言あり　8,000万円を長男に、2,000万円を次男に相続させる。
生前に長男に5,000万円の土地の贈与
遺留分算定の基礎となる財産　1億円＋5,000万円＝1億5,000万円

長男・次男の各遺留分　　　2分の1×2分の1＝4分の1
　　　　　　　　　　　　　1億5,000万円×1/4 ＝ 3,750万円

遺留分侵害額の算出
　　遺言により相続する価額
　　　長男　3,750万円－8,000万円＝－4,250万円
　　⇒ 侵害なし

>　次男　3,750万円－2,000万円＝1,750万円
>　　　　⇒遺留分侵害額1,750万円
> **次男**　相続させる旨の遺言に対し、遺留分減殺請求権の行使
>　　　　長男8,000万円の相続に対して、次男1,750万円の価額相当分を取得。
>
> 長男　次男に対して金銭で1,750万円支払う。
>　　　結果、8,000万円－1,750万円＝6,250万円の相続。
> 次男　2,000万＋1,750万円＝3,750万円

　結局、遺言者は、自身の全遺産預貯金1億円について、長男に対して8,000万円を相続させるつもりであったとしても、生前に5,000万円相当額の土地を贈与していたために、6,250万円しか相続させることができないとされてしまうのです。それが遺留分制度です。

　相続、相続税対策として、自身の財産を生前贈与することにより、とにかく処分しておけばよいというものではない点に注意が必要です。

　ただ、さらに注意が必要なのは、相続人に対する生前の贈与が全て、相続の場面において特別受益として遺産の価額に持ち戻すことになるわけではないということです。

　また、生前の贈与であっても、特別な受益として、相続時の遺産に持ち戻して計算せよとはならないものもあります。特別受益について遺産の価額への持戻しを規定する民法903条1項は、**要件をつけて限定**をしています。「遺贈を受け」に続いて、「**婚姻**若しくは**養子縁組**のため若しくは**生計の資本と****して**」「贈与を受けた者があるときは」としています。

　単なる贈与ではない**「生計の資本として」**の**「贈与」**とは何を意味するのかということが問題になるのです。

　生前贈与であっても、それは「生計の資本として」もらったものではないと反論反証し、特別受益だと主張する方の主張が立証されて認められなければ、具体的相続分を決める際に、贈与を受けた分について特別な受益ではないとして遺産に対して持戻しをする必要はなくなるのです。なお、この点は、**特別受益として持戻しを主張する方**が**主張立証責任**を負うことになります。

相続税対策や事業承継対策として、贈与の活用の道が拓かれています。贈与税や、相続税だけに目を奪われて、後の遺産分割、あるいは遺言と遺留分のことにまで注意を払っていなかったために、何のための対策だったのかということになりかねません。

　また、一見明らかなような「婚姻若しくは養子縁組のため」の「贈与」にも実際にこの場合は当たるのか否かということが問題になることがあります。

　以下では、どのようなものが、どういう視点から特別な受益であるとして、遺産への持戻しとなるのか、あるいはならないのかを確認していきます。

　これらの感覚が分かれば、個々の事案において、生前贈与の助言と、相続開始後に備えて、証拠を揃えておくという発想で、より具体的な助言ができることになります。

2　5つの視点

　実務、裁判例等において、具体的にどのようなものについて特別受益に当たるか否かが問題となり、どのように判断されているのかを検討していきます。

　実務でよく問題となるケースを検討していく中で、特別受益の判断に関する骨格が見えてきます。結局は、おおよそ法律がそうであるように、なぜこのような規定がここにあるのか、その趣旨から解釈して基準を検討し、各事案における具体的事実の認定と当てはめを行うこととなります。

　税法における通達のような、全資産の2分の1なら要件に該当するといった分かりやすい親切な基準はありません。

　しかしながら、趣旨と裁判例、その具体的な事実関係を検討していくことにより、相談されている事案においてどのような判断を裁判所がするのか、プロとしての見立てができるようになります。

　まずは特別受益に関する条文、民法903条1項を分解して、何が規定されているのか1つ1つ確認します。

①　共同相続人中に、
②　被相続人から、
③-1　遺贈を受け、
③-2　又は婚姻若しくは養子縁組のため若しくは生計の資本として
　　　贈与を受けた者があるときは、
④　被相続人が相続開始の時において有した財産の価額に
　　その贈与の価額を加えたものを
　　相続財産とみなし、
⑤　前3条の規定により算定した相続分の中から
　　その遺贈又は贈与の価額を控除した残額をもって
　　その者の相続分とする。

　生前の贈与について、特別受益として持戻し、すなわち相続開始時の遺産

の価額に加えられるか否かを判断するに当たり、考えの骨格となるのは次の2点です。

(Ⅰ) 全ての生前贈与が対象となるものではない。
(Ⅱ) 特別受益性は、被相続人と各相続人との間における贈与の時点の関係性等、親族としてのそれまでの各自の事情によって判断される。

つまりは、相続税、相続対策として生前贈与をアドバイスするに当たっては、その**被相続人**とその者の**法定相続人**のそれぞれの**収入**状況、**資産**状況、**学歴**、**職歴**、**家族構成**等まで確認しておかないと適切な法的助言はできないということです。

民法903条の特別受益制度の趣旨は、遺産分割における**相続人間の具体的な公平性**を図る点にあるといわれています。

そもそも遺産分割という手続、仕組みそのものが、「被相続人の権利義務の承継に当たり共同相続人間の実質的公平を図ることを旨とするものである」（最高裁平28.12.19決定（民集70.8.2121））とされています。

本来、相続とは、被相続人が亡くなった際に有していた財産について、その権利義務の帰属先がなくなり、その行き場を失った財産、遺産について、別の生存者に承継させることです。このときに遺言がなければ、法定相続として相続人らに遺産を相続させ、さらには、共有状態の解消のために遺産分割という制度が用意されています。共有者である当事者によって共有物の分割として分割方法を決めるのが遺産分割協議です。その際、単純に、抽象的な法定相続分として、配偶者は2分の1、子は2分の1という法定の相続分で分割するという制度にしてもよかったはずです。

しかしながら、実際には相続開始時にはなかった財産についても、遺産分割に当たっては被相続人の財産であったものとして、「**相続財産とみなす**」とし、**相続財産の前渡し**を受けていたとする相続人については、その分について、当該みなし相続財産から先にもらっていたものとし、各相続人の相続

分について調整し、**具体的相続分を算出**するということを規定するのが民法903条です。

　この仕組みは結局、「共同相続人間の実質的公平を図る」ことにその趣旨があると解されています。単純に、配偶者であれば2分の1、子であれば2分の1、3名の子の間では均等に各自3分の1等として、遺産を相続させるのは不合理であるとの考えがその根底にはあるのです。

　具体的には、「贈与とか遺贈とかの対象となった財産はそもそもは遺産に属していたが、被相続人は特別受益者に対し相続分の前渡しという趣旨で贈与又は遺贈をなす場合が多いので、これらの生前贈与とか遺贈分を除外して相続分を算定するとすれば、遺贈、贈与分だけ余計に貰った相続人は全然貰わなかった相続人より有利になるし、また、事情によっては被相続人の意思にも反することにもなる。」（谷口知平・久貴忠彦「新版注釈民法（27）」（有斐閣、平成25年）182頁）というものです。

　そこで、遺産分割に当たり、相続人間の公平が図られる必要がある場合として、いわゆる**相続財産の前渡し**といわれるような事情、すなわち「生計の資本」としての贈与であったり、「婚姻」のための贈与、さらには「養子縁組」のための贈与であったりが規定されているといえます。

　婚姻、養子縁組のための贈与については、「婚姻や養子縁組の際には、実質的には他家に入る家族の一員に対する遺産の前渡しとして、まとまった金員である支度金を贈与する風習があることから例示的に加えられたのであろう。例えば、結納は、名称はともかく現代でもまだ生きている風習であろうが、生計の資本となるような一定のまとまった金額の贈与である。」（坂梨喬「特別受益・寄与分の理論と運用―裁判例の分析を中心として―」（新日本法規、平成23年）35頁）といわれています。

　このように、遺産分割の場面で、法定相続分で分割することを認めずに遺贈、生前贈与の場合に各自の相続分をなぜ調整するのかということから考え、その趣旨を遡れば、特別受益に当たるか否かについて判断する具体的な指針

として、次の5つの視点、切り口が挙がってきます。

> Ⅰ 贈与の金額や物自体について一定程度の大きさが必要である
> －おこづかい程度のわずかな金額、物については、遺産分割の場面においてわざわざ調整を要するほどのものとはいえない、遺産の前渡しとは評価しえない－
>
> Ⅱ その当時の被相続人の社会的地位、経済的状況や受贈者との家族関係などからすれば、たとえ世間一般的にはその金額、物が大きいとしても「生計の資本」としての贈与とはいえない場合がある
> 「個々の家族の贈与当時の経済状態、贈与の目的と必要性、他の推定共同相続人の当時の生活状況など、その時の被相続人家族が置かれた具体的な状況や贈与された時の家族の事情によって異なる」(坂梨45頁)
> －資産10億円、年間収入5,000万円の被相続人においては、1,000万円の贈与であっても遺産の前渡しとは評価しえない場合がある－
>
> Ⅲ 他の共同相続人との比較において、公平性に欠けるといえるのか
> －他の相続人も同時に、同種の事柄として相当の贈与を受けていた場合、その法定相続人だけが特別に資産の前渡しを受けたとはいえない－
>
> 以上は、特別受益に当たるか否かです。そして、特別受益に当たるとしても、次の場合は、持戻しは不要とされます。
>
> Ⅳ 被相続人は、自身の財産の処分として、その者に特別に取得させる意思だったのではないか
> －被相続人に持戻し免除の意思があるとして、遺産分割の場面において相続人間の公平を図る必要はない、その相続人にだけ特別に多く取得させるという意思があるなら、遺言の場合と同様にその意思が相続人間の公平よりも優先する－

> －他の相続人の保護、不公平感については、遺留分制度による－
> Ⅴ 以上のⅠないしⅣの視点に関する事実について、裏付けとなる資料や関連する事実はあるか
>   特別受益については、主張する方に立証責任がある

　以上の５つの視点を踏まえて、実務上よく問題となる事案を検討していきます。

　なお、最高裁判所のホームページにおいては、遺産分割調停事件において特別受益を主張する場合に、次のような「特別受益目録」という一覧性のある表を使用してその主張と証拠を整理するようにと求められています。生前の贈与や受益について、一方が主張すれば、他方も主張をし始め、収拾がつかないような事態に陥りやすいことによります。

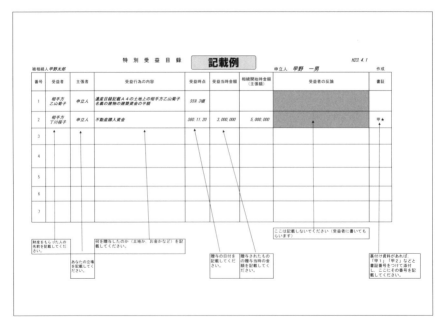

（資料出典：裁判所ウェブサイト）

❶「生計の資本として」──贈与の契機・経緯・動機・額・資力の問題──

（1）不動産

① 居住用不動産のために

　被相続人である親が、長男のためにその居住用として自己が有する土地建物を贈与していた場合、「生計の資本」としての贈与といえるでしょうか。具体的に土地建物は贈与当時5,000万円でした。また、土地建物ではなく、現金5,000万円を長男の居住用の土地建物の取得のため、親が贈与していた場合はどうでしょうか。

　不動産の贈与、その購入資金は、一般的には1,000万円を超えていることが多いでしょう。通常、不動産の贈与の場合はその価額の大きさからしても「生計の資本」としての贈与に当たるといえます（Ⅰ金額の多寡の視点）。上記のようにその不動産が5,000万円ということであればなおさらです。

　しかしながら田舎の土地建物であり、ほとんど価値のない、例えば、固定資産税評価額300万円の土地建物といったことであれば、要らない財産を引き取っただけともいえ、生計の資本としての贈与には当たらないということになる可能性もあります。

　また、親族のそれまでの各自の事情について、被相続人が資産5億円超、年間収入2億円といった状況でない限り、親が長男に上記のような贈与をするのは何らかの事情があって長男にだけ特別に贈与したといえます（Ⅱ経済状況等の視点）。

　もっとも、被相続人が、長男、次男、長女の3名それぞれに、家を買ってやっていたという事情があるなら、各自に対して「生計の資本」としての贈与に当たるといえるとしても、この贈与によって相続人間の公平性が害されているといえるものでもないため、遺産分割の場面で公平性を図る必要はありません。よって、特別な贈与ではないとして、特別受益には当たらないということになります（Ⅲ特別性の視点）。

さらには、各相続人に公平に同等の贈与をしていたような場合、被相続人の意思としては、遺産分割の場面においては、公平性を考慮することを要しないという、持戻し免除の意思があったともいえます（Ⅳ持戻し免除の視点）。
　持戻し免除の意思については、後述のとおり、明示的な意思に限られるものではなく、状況からの黙示の意思として認定されることがあります。

■ 贈与の時期

　特別受益性の有無を判断するに当たっては、贈与の時期を確認する必要があります。不動産であれば、当該相続人が取得した不動産に関する全部事項証明書を法務局で取得すれば、通常は、登記に表示されている贈与の日に贈与があったのだろうということになります。
　その上で、その取得当時の相続人の年齢、職業、年収等を考慮し、当時の当該不動産を自身の資金で購入することが可能であったのかどうか等を検討することになります。登記には、取得原因として「贈与」ではなく「売買」となっていることもあり、その場合、購入資金の調達先を検討することになります。また、他方で、その取得当時の被相続人の職業、年収、資産状況等も確認することが必要です。
　そして、**なぜその時期の贈与**なのか、その前後の時点において、被相続人、当該相続人がどのような状況であったのか、当該不動産、あるいは不動産購入資金の贈与の動機を検討します。
　こうした点を検討、判断していくに当たっては、被相続人を含む法定相続人らの年齢、状況について、表形式等で簡単な**時系列表**を作ると一覧性が生まれ、その被相続人の歴史、家族の歴史が見えてくるようになります。こうした一覧表を作成するに当たっては、**各自の年齢**、家族構成、居住地、職業等の**争いのない事実**からまずは書き込んでいくのが作成のコツです。
　例えば、被相続人が40歳の長女に不動産取得資金3,000万円を贈与してい

るが、その1年前に長女は離婚し、幼い子が2人いたなどの事情が明らかであれば、生計の資本としての贈与という点は間違いないであろうということになります。

　ただ、この場合において、他の相続人は普通に生活していたのであれば、親は娘を不憫に思い、特別に生活を支えていたという事情も見受けられることが考えられます。そうなると、娘に贈与をした親には**持戻し免除の意思**も認められるのではないかと問題になってきます。

	被相続人甲太郎	配偶者乙子	長男A太郎	長女B美
昭和10年	誕生			
昭和12年		誕生		
昭和34年	大学卒業・会社勤務			
昭和35年	婚姻			
昭和36年		専業主婦	誕生	
昭和38年				誕生
昭和58年			大学卒業・就職	短大卒業
				無職
平成元年				婚姻
平成3年				第1子出産
平成5年				第2子出産
平成7年	定年退職			
平成8年				離婚
平成9年				3,000万円贈与
平成20年	死亡（73歳）			

②　土地の無償使用

　被相続人がいくつか土地を有しており、その土地の1つに次男が自宅建物を建築してその土地を無償で使用していたといった場合、次男は遺産分割において、特別に生計の資本としての贈与を被相続人から受けたといえ

るのでしょうか。

　その土地の上に居住用建物を建築できる程度の土地ですから、更地価格としても10万円、100万円といった価額ではないと思われます。仮に、更地価格が4,000万円の土地であったとすると、使用借地権価格は一般的には更地価格の1割から3割とその評価がなされることから、1割としても使用借地権の評価は400万円の評価となります。

　この場合、被相続人の意思からしても、次男に対して生計の資本としての贈与があったと評価されることになります。どうせこの土地は次男に遺言によって相続させるのだからという意思があってこその土地の無償提供といえます。

　もっとも、この土地の上の建物に、**被相続人も居住**していたような場合では、事情が異なってきます。このような場合、被相続人は、自己の土地の上の建物に自身も共に居住するからこそ、自身の土地を無償で使用させていたともいえます。すなわち、完全に無償の贈与といい切れず、自身の遺産の前渡しとは評価できないため、贈与したとはいえないということになります。

　一見、相続人が無償で利益を得ているように見える場合であっても、本当に無償といえるのか否か、何らかの条件や合意のもと、**その対価としての利得**ではないのかといった点を検討しておく必要があります。無償でない限り、そもそも「贈与」があったとはいえません。

　また、仮に、土地の無償使用が特別受益に当たるとしても、その得た利得の価額は、土地の評価に対する**無償使用権限の評価**－通常、土地の更地価格の1割～3割程度－とされます。賃料相当額（相当賃料額×使用年月数）ではないことに気をつけてください。被相続人が、生計の資本として、土地を無償で使わせる意思があったとしても、月々、あるいは年間の地代相当額を遺産の前渡しとして贈与する意思があったというよりは、当該権利そのものを贈与したという方が意思に沿うでしょうし、地代相当額とし

てもその分が相続開始の遺産から前渡し的に流出、減少しているとも評価しがたいことによります（近藤ルミ子・小島妙子「事例にみる　特別受益・寄与分・遺留分主張のポイント」（新日本法規、平成28年）93頁）。

③　建物の無償使用

　被相続人が所有する建物に、相続人の1人が無償で居住していた場合はどうでしょうか。被相続人が不動産賃貸業を営んでいる場合や、居住用不動産を有する場合など、子やその家族が1室に暮らすことを許諾しているようなことはよくあるかと思います。

　土地の無償使用と同様に考えれば、建物の使用権を贈与したともいえます。しかしながら、一般的には、自身の有する建物に相続人を住まわせたり、使用を許諾したりする場合は、第三者に賃貸していれば得られたであろう賃料を得られない状況であったとはいえますが、そのことによって被相続人の財産が減少するわけでもなく、遺産の前渡しとしての意思はないと解されています。場合によっては、生活面の援助として、扶養するものとして住まわせている場合もあります（民法877条）。よって、被相続人が、自己の建物に相続人を住まわせていたとしても、そのこと自体で「生計の資本として」贈与があったと認められることは、ほぼありません。

　それでは、次に不動産以外の金銭、経済的利益が、被相続人の生前に被相続人から相続人に対して、贈与されていたというような事情があるとき、遺産の持戻しがなされる特別受益に当たるとされるのはどのような場合でしょうか。よく問題となる事例を検討していきます。

（2）金銭

　金銭の移動があった場合、注目すべきは、**なぜ移動**したのか、**何のため**だったのかという点になります。

① **貸付金**

　被相続人が、相続人に対して、金銭を貸し付けていた場合、相続人は**返済債務**を負担する以上、そもそも「贈与」には当たらず、特別受益にはなりえません。

　ただ、注意が必要なのは、**本当に貸付けなのかどうか**という点です。1,000万円の貸付けだとされながら、その返済が一度もなされず、また、督促された事実もないままに相当期間が経過しているような場合は、実質的には贈与ではないかということで、その貸付金の使途、金額によっては「生計の資本として」の贈与に当たる場合もありえます。

② **小遣い、生活費**

　被相続人が、成人し仕事も家庭も持つ40歳の子に対して、月々30万円を振り込み贈与していた事実があった場合、相続において「特別受益」として持戻しの対象となるでしょうか。

　金額の多寡という点からすると、月30万円、年間360万円、5年間で1,500万円を超える贈与であった場合、決して少なくはない金額と評価されます（Ⅰ金額の多寡の視点）。

　しかしながら、被相続人の月間所得が200万円であった場合（Ⅱ経済状況等の視点）、月30万円の贈与はおこづかいといえるものになる可能性が高まります。

　また、例えば、当時、相続人は未成年の子4名を養育中であり、配偶者は失業中であったというような場合、一定期間に限って月々贈与していたような場合であれば、**扶養の範囲**ということにもなりえます。

　確かに、被相続人の遺産は減少していますが、被相続人の意思として、遺産の前渡しといった意図は認められないでしょう。相続人間の公平という趣旨からすれば、客観的には特別受益とされることがあったとしても、**その経緯や程度**からすれば、**持戻しの免除の意思**があったともいえます。

③ 遊興費のための贈与

　被相続人が、相続人一家がハワイ旅行に出かけるというので200万円贈与したような場合、あるいは、無職の相続人がギャンブル狂であり、被相続人から20万円、40万円とお金をもらって遊興費として使っていた場合はどうでしょうか。

　相続が発生した際に、例えば、次男だけが父親から遊興費として何かもらっていた場合、他の相続人からすれば、不公平だということになるかとは思います。

　しかし、特別受益制度の趣旨は相続人間の実質的な公平にあります。そこでの公平は、あくまで**相続開始時**において、**相続という場面**における公平です。すなわち、本来、相続財産として分けられるべきものが存在していなかったという場合、みなし相続財産として持戻しを受けるべきものかどうかという観点からその要件が逆算されるべきものです。

　遊興費としての金銭贈与は、**そのまま使ってしまうことも想定**しての金銭贈与です。被相続人においても、相続財産の前渡しとしての**「生計の資本」として贈与する意思**もなく、いわば被相続人が自身の財産を自身の好きなように費消したものと変わりません。そこにおいては、**当該金銭が相続時において分割の対象として残っているべきもの**とはいえません。資産1億円の被相続人において、8,000万円を私的な団体・個人に寄附した場合、遺留分の侵害がない限り、相続人は現にある財産を相続するしかないということと変わりません。

④ **大学、大学院の授業料等の負担、在学中の仕送り**

　被相続人が、成人している子に対して、その米国留学費用1,000万円を贈与した、あるいは遠方の大学通学のため一人暮らしの子に対して、仕送りを月々20万円行っていたという場合は、他の相続人との関係で特別受益といった問題が生じるのでしょうか。

確かに、こうした資金を得ていなかった他の相続人からすれば、「不公平」という主張が出てくるでしょう。

しかしながら、その**被相続人の経済状況や社会的地位**からすれば、子が成人していたとしても、親としての扶養の範囲内と思われる場合がほとんどかと思われます（Ⅱ経済状況等の視点）。1,000万円の留学費用も額からすると特別な贈与に当たりそうですが、それだけの負担が可能な経済状況であったという事情等も検討を要します。すなわち、被相続人の客観的な資産状況等からして、**遺産の前渡し**といえるような事情はないと認定されることが考えられます。また、仮に、遺産の前渡しと評価されうるような客観的な事情があったとしても、子の教育の機会に対する親の心情、動機からして、持戻し免除の意思が認められることがほとんどかと思われます。

大阪高裁平19.12.6決定（家月60.9.89）においても、学費については「通常、親の子に対する扶養の一内容として支出されるもので、遺産の先渡しとしての趣旨を含まないものと認識するのが一般である」として特別受益には当たらない旨、判示しています。さらには、「仮に、特別受益として評価しうるとしても、特段の事情のない限り、被相続人の持戻し免除の意思が推定されるものというべきである。」としています。

⑤ **新築祝い、入学祝い**

被相続人が、子に対して新築祝い、あるいは孫の入学祝いとして、まとまった金銭を贈ることがあります。これは、他の相続人や兄弟間において特別受益の問題となるのでしょうか。

被相続人が、**どういう意思で金銭を渡しているか**と考えると、いわば、親としてのお祝いの気持ちの表示ともいえ、子や孫に対して、相続財産の前渡しとしての、「生計の資本」としての贈与とまでは評価できないことが多いと思われます。

⑥ 事業資金

　被相続人である親が、子が経営する事業に対して、苦境に陥った際に1,000万円を渡していたような場合はどうでしょうか。

　このような場合では、「生計の資本として」の贈与といえるか否かは、まさにケース・バイ・ケースといえます。被相続人の資産状況によっては、**扶養として贈与**しているといえることもありえますし、あるいは、資産3,000万円のところを**相続の財産の前渡し**として1,000万円を贈与していることもありうるからです。

　「生計の資本として」の贈与に当たり持戻しの対象となるか否かは、遺産の前渡しと評価されうるかどうかによるといえます。この点、親族としてのそれまでの各自の状況により、ある程度は客観的に認定されます。もっとも、持戻し免除の意思が認められる以上、最後は、**被相続人の意思**として、相続財産の前渡しの意思であったと認められるのか－相続財産の前渡し－、によって決せられるといえます。つまり、あとは相続が発生してから相続人らで公平を調整するようにという意思だったのかどうかです。

⑦ 債務の負担

　被相続人である親が、子が負担する債務について自身が連帯保証人となり、保証人として返済していたような場合はどうでしょうか。

　法的には、貸付金と同様に、債務につき連帯保証人として返済したとしても、贈与ではないということになります。連帯保証人は、主たる債務者である子に対して**求償権を有する**ことになるからです。

　しかしながら、貸付金の場合と同様に、**求償権を放棄しているといえるような場合**、その額と被相続人の経済的事情によっては（Ⅰ金額の多寡の視点、Ⅱ経済的状況等の視点）、相続財産の前渡しとして「生計の資本」として贈与したと評価される場合もありえます。

❷「婚姻若しくは養子縁組のため」の贈与

　民法903条1項の文言においては、「生計の資本として」の「贈与」のみならず、「婚姻若しくは養子縁組のため」「贈与を受けた者があるときは」と規定されています。

　明治31年の制定時における当該条文は次のような文言でした（明治31年法律第9号）。

> **明治民法（旧民法）1007条**
> 共同相続人中被相続人より遺贈を受け又は婚姻、養子縁組、分家、廃絶家再興の為め若くは生計の資本として贈与を受けたる者あるときは

　つまり、婚姻や養子縁組の場合の贈与は、明治時代の価値観のもと、分家、廃絶家再興の為の贈与と並列するものとして規定されていました。分家の際の贈与等は、昭和21年の日本国憲法の制定を受け、民法においても家制度が否定されたことから当該文言が削除されたに過ぎないともいえます。

　このような位置付けからしても、「婚姻若しくは養子縁組のための」贈与については、やはり遺産の前渡しとして、相続の場面において、相続人間の実質的な公平を確保する要請が働く程度の額の贈与がこれに当たると解されることになります。

（1）支度金、持参金

　婚姻に際して、婚姻生活のための用品等を購入するために、あるいは婚姻後の夫婦共同生活のためにと、親が婚姻する子に贈与する金銭を支度金、あるいは持参金といいます。

　このような被相続人である親の子に対する金銭の贈与が、その遺産の前渡しとして特別受益に当たるのか否かは、やはりⅡ（経済的状況）の視点として、被相続人の資産経済状況によることになります。例えば、資産1億円、年収2,000万円の被相続人が、子の婚姻に際して、1,000万円を贈与していたよ

うな場合は、たとえ、趣旨目的は、「婚姻のための」「贈与」には間違いないとしても、民法903条でいう、遺産の前渡しの一形態としての「婚姻のため」には当たらないといえるでしょう。1億円の資産を有し、毎年2,000万円の収入がある中での1,000万円をどう考えるかが考慮要素の1つとなります。遺産の前渡しというよりは、お祝いの趣旨と考えられる金銭といえます。

(2) 結納金や挙式、新婚旅行費用

婚姻に際しての、被相続人である親から子への贈与としては、結納金や挙式費用相当額の負担、新婚旅行費用の負担といったものも問題になりえます。

すなわち、子である相続人間の公平といった視点から、贈与を受けた子とそうでない子との間での不平等感から主張されることが少なくはありません。

しかしながら、これら結納金等の場合、その額や趣旨からしても、遺産の前渡しとして当該子にだけ先に贈与しておくといった評価は、通常認められません。その性質上、**費消されることが前提**ともいえ、また、親としての祝福の気持ちを動機とする贈与であって、生計の資本として渡す意図はないというのが通常だからです。

❸ 生命保険金

(1) 原則

被相続人が生命保険の保険契約者、被保険者となり、保険料を支払い、その受取人は相続人の1人を指定している場合、被相続人の死亡によって、当該受取人が死亡生命保険金を受領します。

この保険金について、受取人となった相続人は、「被相続人から、遺贈を受け」たものとして、遺産分割の場面において、法定相続分の修正のため持戻しをする必要があるのでしょうか。

生命保険金を相続人が受け取る法律上の原因は何でしょうか。この点については、最高裁判例で次のように判断されています。

「被相続人が自己を保険契約者及び被保険者とし、共同相続人の一人又は一部の者を保険金受取人と指定して締結した養老保険契約に基づく死亡保険金請求権は、その保険金受取人が自らの固有の権利として取得するのであって、保険契約者又は被保険者から承継取得するものではなく、これらの者の財産に属するものではないというべきである（最高裁昭和36年（オ）第1028号同40年2月2日第3小法定判決・民集19巻1号1頁参照）」（最高裁平16.10.29決定（民集58.7.1979））。

さらには、続けて「死亡保険金請求権は、被保険者が死亡した時に初めて発生するものであり、保険契約者の払い込んだ保険料と等価関係に立つものではなく、被保険者の稼働能力に代わる給付でもないのであるから、実質的に保険契約者又は被保険者の財産に属していたものとみることはできない（最高裁平成11年（受）第1136号同14年11月5日第一小法廷判決・民集56巻8号2069頁）」と示されています。

すなわち、原則として、指定された受取人として受領する保険金については、遺産分割の場面において、共同相続人間での公平が図られるべき関係にはなく、遺産の中から財産を取得したものではないとして、特別受益の問題は発生しません。

（2）例外－相続人間の公平を害すると評価される場合－

しかしながら、指定受取人による保険金であっても、共同相続人間の公平を害するものとして、法定相続分が修正されるべきという場合がないわけではありません。そもそも保険金は、その費用となる保険料を被相続人が生前に保険者に支払っていたことによって発生するものです。

そこで、最高裁平成16年10月29日決定は、次のように例外的に、死亡保険金についても、**民法903条1項を類推適用**し、遺贈又は贈与に係る財産に当たる場合があることを判示しました。

「保険金受取人である相続人とその他の共同相続人との間に生ずる不公平

が民法903条の趣旨に照らし到底是認することができないほどに著しいものであると評価すべき特段の事情が存する場合には、同条の類推適用より、当該死亡保険金請求権は特別受益に準じて持戻しの対象となると解するのが相当である。」とした上で「上記特段の事情の有無については、保険金の額、この額の遺産の総額に対する比率のほか、同居の有無、被相続人の介護等に対する貢献の度合いなどの保険金受取人である相続人および他の共同相続人と被相続人との関係、各相続人の生活実態等の諸般の事情を総合考慮して判断すべきである。」としました。

　ここでは、まず客観的な事情としては、受け取った**保険金の額と遺産総額との比率**が主たる事情となると考えられます。例えば、遺産総額は5,000万円、共同相続人は4名のところ、そのうち相続人の1人が、死亡保険金として1億円を受け取っていたような場合、遺産の5,000万円を法定相続分で4等分することが果たして公平といえるのかどうかです。

　保険金の受取人として指名した経緯、動機なども斟酌され、場合によっては、特段の事情があるものとして、保険に関しては持戻しの対象となり、その結果、この者の具体的相続分はゼロとなって、遺産5,000万円は残りの相続人3名で分割するということになりえます。

　持戻しの対象となるという場合ですが、ではその金額は、受け取った保険金相当額となる1億円なのか、あるいは被相続人が生前、支払った保険料額なのかという問題があります。

　この点、特別受益とする額は、保険料全体の額に対して被相続人が死亡時までに払い込んだ保険料の割合を保険金額に乗じた額とするのが通説とされています（近藤・小島80頁）。

　例えば、1億円の保険金に対して、保険料総額8,000万円のところを4,000万円被相続人が支払っていた場合、1億円×（4,000万円／8,000万円）＝5,000万円が被相続人から相続人の1人に対する特別受益として持ち戻され、その結果、具体的相続分が修正されるということになります。

❹ 死亡退職金

　相続人が、被相続人の妻と被相続人の兄弟であり、被相続人の妻が相続人の勤務先から死亡退職金500万円を受け取っているような場合、妻が「被相続人から遺贈を受け」た場合に当たるとして、持戻しの問題が生じるのでしょうか。

　死亡退職金は、退職の事実により給付されるものという点からすると、通常の退職金の性質と同様、労働等の対価としての賃金の後払い的な性質があるといえ、被相続人の財産の遺贈的な面がないとはいえません。

　しかしながら、従業員や役員の死亡による死亡退職金は、通常、会社の労働協約や就業規則により、遺族の生活保障という趣旨が明らかな場合があります。

　よって、そのような場合は、被相続人が自身の遺産につき遺贈をしたものと評価されることはないでしょう。

　もっとも、そのような遺族の生活保障という趣旨ではなく、亡くなった者の功績をたたえるものとして、賃金の後払いとしての死亡退職金の支給を受けたといえる場合は、被相続人に帰属した財産について、妻に遺贈があったものと評価し、その特別受益性が問題になりえます。

　被相続人の**遺族の生活保障の趣旨による給付**か否かが判断要素の１つとなることから、この点が明らかな遺族給付金などについては、遺贈や特別受益といった点は問題にはなりません。これらの給付を受けたとしても、相続人間における遺産分割の場面での実質的な公平とは無関係といえます。

3 対象となる相続人

❶「共同相続人中に」

　特別受益が問題となる被相続人から贈与を受けた者とは、「共同相続人中に」（民法903条）との文言からすれば当然、相続人を意味します。

　それでは、「相続人」ではない、相続人の子や相続人の配偶者が、被相続人から何らかの贈与を受けていた場合、特別受益としての持戻しの問題は生じないのでしょうか。被相続人からすれば、自身の**孫**や自身の**子の配偶者**に何かを与えていたような場合です。

　さらには、被相続人から贈与を受けた当時は推定相続人でもなかったものの、例えば被相続人の孫が、その後その者の父が先に亡くなり代襲相続として、祖父である被相続人の相続人となった場合、「共同相続人」として贈与を受けた者といえるのでしょうか。父が贈与を受けていたに過ぎない場合、あるいは孫として贈与を受けていたに過ぎないような場合です。

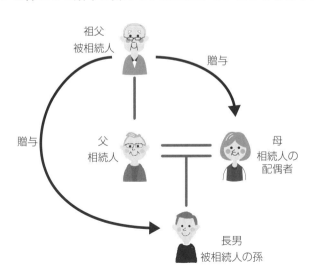

071

❷ 相続人の配偶者・相続人の子に対する贈与

　被相続人が、その息子の妻や、孫に不動産を贈与していたような場合、息子である相続人が贈与を受けたものと同視して、相続において、息子に特別受益があったとして問題となるでしょうか。

　相続人の配偶者や子は**相続人ではない**以上、その贈与の事実について、相続人間での遺産分割において公平を図る問題は生じないといえます。

　しかしながら、相続人の配偶者や子に対する贈与が実質的には相続人に対する贈与、さらには遺産の前渡しと評価しうる場合がないわけではありません。このような場合は、やはり相続人間の実質的な公平を図るべく、「共同相続人」が贈与を受けたものとして特別受益性が問題になりうるとされています。

　では、一体どのような場合が、**実質的には相続人に対する贈与**といえるとされているのでしょうか。

(1) 相続人の子

　例えば、被相続人が孫に対して留学費用1,000万円を贈与、負担したような場合は、その被相続人の子に対する遺産の前渡しとなるのでしょうか。

　ここでは、祖父母には孫の扶養義務はなく、学生である子に対する扶養義務はまずはその親にあるということに注意が必要です。祖父母が孫に要する費用を支出することにより、その孫の**親の扶養義務が軽減**されるという利益を得ているといえます。

　結局は、①贈与の**動機**、②**資産状況**のほか、**相続人が利得を得ている**と評価できるのかどうかという点で、他の相続人との間での公平の問題が生じることになります。

　例えば、相続人には留学費用負担の資力がなく、他方で、被相続人においては既に退職して月20万円の年金の他に4,000万円の預金があったというような場合の1,000万円の贈与であれば、孫の留学費用の負担は、相続人である子に対する贈与として、**遺産の前渡し**と評価されうることになりえます。

（2）相続人の配偶者

　被相続人が、自身の子の配偶者に不動産を贈与していたような場合はどうでしょうか。娘の夫に、あるいは息子の妻に贈与をしていた場合です。

　ここでも、まずは相続人自身が贈与を受けたと評価できるのかどうか、そうだとしても、それは特別受益といえるのか否か、贈与に至る経緯、動機、各自の資産収入状況等によって判断されることになります（近藤・小島60頁）。

　例えば、娘の夫の事業が経営危機に瀕したという場合に、被相続人が、その夫の事業資金として、3,000万円の不動産を贈与したような場合などは、間接的には相続人である娘も利益を得ることにはなりますが、**あくまで事業援助**をしたに過ぎず、相続人である娘に対する贈与として特別受益性が問題となることはないと考えられます。

❸ 贈与を受けた時は、相続人ではなかった者

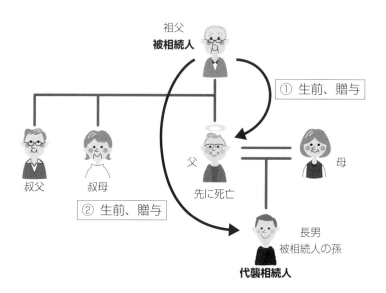

　被相続人は、①生前、その子に不動産の贈与をしていたところ、その子が

先に亡くなり、孫が代襲相続人として相続人となった場合、あるいは、②孫に対して不動産を贈与していたところ、後にこの孫と養子縁組をし、あるいは、代襲相続人として孫が相続人となっている場合、他の相続人との関係で、この孫に当たる相続人に特別受益があったとして、不動産相当価額につき持戻しをするという問題が生じるでしょうか。

　確かに、**贈与があった時は相続人ではなかった**以上、被相続人が孫に対する**遺産の前渡し**として贈与をしていたとは考えられません。

　しかしながら、民法903条の趣旨は、遺産分割の場面における相続人間の実質的な公平を図る点にあるとされます。

　そうである以上、贈与を受けた時は相続人ではなかったとしても、相続開始時において相続人である限り、①、②のいずれの場合においても、生前の贈与の事実に関しては特別受益となる場合があると解されるのが実務です。

　この点、福岡高裁平29.5.18判決（判タ1443.61）は遺留分減殺請求訴訟における特別受益の争点に関して、①、②についてそれぞれ次のように判示しました。相続人間の実質的な公平と代襲相続の位置付けとの兼合いが図られた説得的な判断といえます。

（1）代襲相続の場合

「被代襲者の特別受益が代襲相続人の特別受益となるか。

　亡Aから特別受益を受けたのは被代襲者である亡Bであり、当時、被控訴人らは亡Aの推定相続人でもなく、その後の亡Bの死亡によって代襲相続人になったにすぎない。

　しかし、特別受益の持戻しは**共同相続人間の不均衡の調整**を図る趣旨の制度であり、代襲相続（民法887条2項）も相続人間の公平の観点から死亡した被代襲者の子らの順位を引き上げる制度であって、**代襲相続人に、被代襲者が生存していれば受けることができなかった利益を与える必要はない**こと、被代襲者に特別受益がある場合にはその子等である代襲相続人もその利益を

享受しているのが通常であること等を考慮すると、被代襲者についての特別受益は、その後に被代襲者が死亡したことによって代襲相続人となった者との関係でも特別受益に当たるというべきである。

したがって、亡Bに対する上記贈与は、被控訴人らとの関係でも特別受益に当たると解するのが相当である。」

この考えからすると、例外的に、代襲相続をしても利益を得たとは評価しえない特段の事情があるならば、当該事情を主張立証すれば、特別受益には当たらないとされる余地があるといえます。

（2）孫として贈与を受けていた場合

「相続人でない者が、被相続人から直接贈与を受け、その後、被代襲者の死亡によって代襲相続人の地位を取得したとしても、上記贈与が実質的に相続人に対する遺産の前渡しに当たるなどの特段の事情がない限り、他の共同相続人は、**被代襲者の死亡という偶然の事情**がなければ、上記贈与が特別受益であると主張することはできなかったのであるから、上記贈与を代襲相続人の特別受益として、共同相続人に被代襲者が生存していれば受けることができなかった利益を与える必要はない。また、被相続人が、他の共同相続人の子らにも同様の贈与を行っていた場合には、代襲相続人と他の共同相続人との間で不均衡を生じることにもなりかねない。

したがって、相続人でない者が、被相続人から贈与を受けた後に、被代襲者の死亡によって代襲相続人としての地位を取得したとしても、その贈与が実質的には**被代襲者に対する遺産の前渡し**に当たるなどの特段の事情がない限り、代襲相続人の特別受益には当たらないというべきである。」

この場合は、逆に、代襲相続という偶然の事情によって必要以上に不利益を被ることがないようにという観点から、原則、特別受益には当たらないという判断がされています。

❹「価額」の算出方法

遺贈あるいは生計の資本としての贈与を受けたとされる場合、いわゆる特別受益として「その贈与の価額を加えたものを相続財産とみなし」(民法903条)とされます。

本来、遺産分割の対象となる「相続財産」は、あくまで「相続開始の時から、被相続人の財産に属した一切の権利義務」(民法896条)です。相続開始時に、被相続人に帰属、所有していなかった権利義務は遺産分割の対象とはなりません。

しかしながら、相続人間の実質的な公平のために、特別受益に当たるとされる生前贈与については、「贈与の価額」が相続財産に加えられ、いわゆるみなし相続財産とされるのです。

そこで問題となるのが、現実の相続財産の総額は1億円とされる場合に、10年前の自宅用土地の贈与が特別受益に当たるとして、その「贈与の価額」とはいつの価額を意味するのかということです。

10年前の贈与時には3,000万円であった土地が、相続開始時には2,000万円に、しかしその後、遺産分割の紛争が長期化する間に都市部であったために3,500万円になっていたというような場合、いつの時点の「価額」となるのでしょうか。

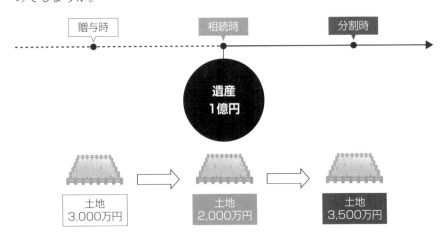

価額の変動が認められやすい不動産、特に土地、さらには上場株式について確認するとともに、インフレ・デフレといった経済状況のなか、価値の変動をどのように考慮するのか、あるいは考慮しないのかを確認しておきます。

　民法904条は、「贈与の価額」について「その目的である財産が滅失し」ていても、さらには「価格の増減があっても」「相続開始の時においてなお原状のままであるものとみなしてこれを定める」と規定しています。

　遺産分割が、相続開始時の財産の分割の問題であり、特別受益もその際の実質的公平確保の制度であることからすれば、みなし相続財産として加えられる「贈与の価額」は、相続開始時の価額となります。

　もっとも、遺産分割の場面において、相続開始後に、特別受益の財産がさらに価額が変動している場合はどう考えるべきでしょうか。

　遺産分割の対象となる相続財産そのものについては、分割としては、その**分割時点において現にあるもの**しか分けられませんから、分割方法を決める際には分割時の価額を基準とするとされています。それでは、特別受益の目的物の価額の場合は、どう考えるべきでしょうか。

（1）不動産・株式
イ　相続開始時の価額

　先の事例のように、現実の相続財産の総額は1億円とされる場合に、10年前の自宅用土地の贈与が特別受益に当たるとして、「贈与の価額」とはいつの価額を意味するのでしょうか。

　10年前の贈与時には3,000万円であった土地が、相続開始時には2,000万円に、しかしその後、遺産分割の紛争が長期化する間に都市部であったために3,500万円になっていたというような場合、いつの時点の「価額」をもってみなし相続財産として分割をするのでしょうか。不動産と同じように価格が変動する株式においても同様の問題があります。

　この点、金銭の評価手法が問題となった事案につき、最高裁は次のように

判示しました。

「贈与財産が金銭であるときは、その贈与の時の金額を**相続開始の時の貨幣価値に換算した価額**をもって評価すべき」（最高裁昭51.3.18判決（民集30.2.111））。

このように解すのは、「**相続分の前渡し**としての意義を有する特別受益の価額を相続財産の価額に加算することより、共同相続人相互の衡平を維持することを目的とする特別受益持戻しの制度の趣旨を没却するばかりでなく、かつ、右のように解しても、取引における一般的な支払手段としての金銭の性質、機能を損なう結果をもたらすものではないからである。」との理由です。

不動産についても同様に、相続開始時の価額として、特別受益の価額は2,000万円と評価し、相続時の遺産の価額1億円に2,000万円を加算した、1億2000万円がみなし相続財産となります。例えば、10年前に当該土地の贈与を受けていた長男は、2,000万円は既に取得しているものとして具体的相続分が算出されることになります。

つまり、相続人が長男と次男の2名の子であり、長男のみが当該土地の特別受益があったという場合、次のようになります。

1億円＋2,000万円＝1億2,000万円
法定相続分2分の1　　1億2,000万円×1／2＝6,000万円

しかしながら、実際には相続財産は1億円です。

そこで、長男については、6,000万円のうち、2,000万円分は既に取得済みとして、6,000万円－2,000万円＝4,000万円が具体的相続分となります。

1億円の現実の財産から、長男は4,000万円分を取得することとなります。次男は1億円－4,000万円＝6,000万円が具体的相続分となります。

□　遺産分割時の価額

では、相続開始後、実際の遺産分割の時に不動産が3,500万円と相続開始後においてなお高騰していた場合はどうでしょうか。

みなし相続財産として、相続時ではなく遺産分割時を基準とすると、総額は1億円＋3,500万円＝1億3,500万円となります。
　この場合、各自の具体的相続分は、価額が高騰した分、特別受益を受けていた相続人の持分が次のように減少することになります。
　1億3,500万円×1／2＝6,750万円
　長男　6,750万円－特別受益となる不動産の分割時の評価額（既に取得しているものとして）3,500万円＝3,250万円
　次男　相続開始時及び分割時において、現にある遺産相続1億円－長男の具体的な相続分3,250万円＝6,750万円

　先のイの相続開始時を価額の基準時とする場合であれば、具体的相続分は、長男は4,000万円、次男は6,000万円でした。相続開始後に、遺産分割の合意に時間を要した結果、特別受益財産の時価に高騰があったために、各自の具体的相続分に影響が生じることになります。
　そもそも、民法903条の特別受益制度は、あくまで共同相続人間の実質的な公平を図るという趣旨です。当該趣旨の達成のために、相続開始後においても、常に遺産分割時の価額を基準とするというのでは相続人間において、いつの時点で分割の合意をするのが損か得かということで流動的となり、本来の趣旨に沿わない結果となりかねません。
　遺産分割における相続財産の評価の時点が、相続時ではなく遺産分割時とされる場合があることはともかくとして、特別受益の贈与の目的物の価額は原則どおり、相続開始時が基準となります。

（2）金銭

　特別受益の目的物が金銭の場合、例えば、昭和50年に、相続財産の前渡しとして長女夫婦の自宅建築費用として1,000万円を長女に贈与し、これが特別受益に当たるとされる場合、平成28年の相続において、特別受益の持

戻しの「価格」は、金銭である以上、1,000万円という評価でよいのでしょうか。

　この点、前述のように最高裁は、「贈与財産が金銭であるときは、その贈与の時の金額を相続開始の時の貨幣価値に換算した価額をもって評価すべき」としました（最高裁51.3.18判決（民集30.2.111））。昭和50年代の1,000万円は平成28年で換算するといくらになるのでしょうか。また、貨幣価値の換算はどのようにするのでしょうか。

　この点、裁判例においては、消費者物価指数が用いられています。

　消費者物価指数とは、全国の世帯が購入する家計に係る財及びサービスの価格等を総合した物価の変動を時系列的に測定するものであり、家計の消費構造を一定のものに固定し、これに要する費用が物価の変動によって、どう変化するかを指数値で示したものとされています。総務省統計局によって作成され、そのホームページにおいて公表されています。

　例えば、総合の指数でみると、昭和50（1975）年は55.2に対し、平成28（2016）年は100とあります。すなわち、物価は約1.8倍ということになります。貨幣価値もまた、昭和50年の1,000万円は、平成28年では、1,000万円×約1.8として、約1,800万円ということとなります。

　相続財産が1億円であれば、1,800万円を加算した1億1,800万円をみなし相続財産とすることとなります。

　平成の時代の30年程度であればさほどの貨幣価値の変動はないかと思われますが、金銭の贈与については、貨幣価値の換算を忘れないようにする必要があります。

　なお、平成30年改正により、遺留分の場面における相続人の特別受益の問題に関しては、相続開始前の10年に限定される点、注意が必要です。この改正は、令和元年7月1日から施行されます（改正民法1044条3項）。

(3) 保険金

いつの「価額」ではなく、どの「価額」をとるのかという問題もあります。民法903条の類推適用により、例外的に保険金が特別受益とされて持戻しとなる場合、その持ち戻すべき「価額」は、**保険金**か**保険料**等かという問題です。

被相続人により契約され、支払われていた保険料の総額が2,000万円であり、指定された受取人たる相続人に支払われる保険金は5,000万円、相続財産は1,000万円といったように、相続財産との比較で、保険金の額の方が5倍近いような場合は、前述の最高裁平16.10.29決定によって、「保険金受取人である相続人とその他の共同相続人との間に生ずる不公平が民法903条の趣旨に照らし到底是認することができないほどに著しいものであると評価すべき特段の事情が存する」とされやすいものです。

では、持戻しの対象となるとして、持ち戻される「価額」は、5,000万円の保険金そのものなのでしょうか。被相続人の生前に、支出された額は保険料2,000万円に過ぎないともいえます。

この点、保険契約において全額の払込みを終えていなかったような場合、例えば、3,000万円の保険料総額のうち支払済保険料が2,000万円であったような場合、その割合となる2,000万円/3,000万円を、保険金5,000万円に乗じて得られる金額、3,333万円を特別受益の「価額」とするという考えもあります（大阪家昭51.11.25審判（家月29.6.27））。ここでは「特別受益分として持戻すべき額は、保険契約者である保険料負担者である被相続人において、その死亡時までに払い込んだ保険料の、保険料全額に対する割合を保険金に乗じて得た金額とすべきものと考える。」とされています。

もっとも、上記最高裁平成16年決定においては、「保険金の額、この額の遺産の総額に対する比率」を考慮要素として、まず記していることに着目し、受領する保険金額が特別受益となるか否かとして論じられているとして、持戻しの場合の「価額」は保険金額とするという考えもあります（谷口・久貴211頁）。

いずれにしても、保険料について一時払いで全額支払われている場合は、支払われた保険料総額の問題ではなく、受取人が受領する保険金をもって「価額」とするのが相続人間の公平の趣旨に適うといえます。保険料の支払によって、保険金請求権が発生したともいえ、発生した保険金請求権の額が基準になると考えられます。

❺「被相続人が前2項の規定と異なった意思を表示」(民法903条3項)

　特別受益となると、その贈与の価額は相続財産とみなされます。しかしながら、この制度は、共同相続人間の実質的な公平のためのものです。被相続人が生前に生計の資本として推定相続人に対して贈与していたなど、相続財産の前渡しがなされていたというような場合に、相続開始後の遺産分割の場面においてそのことを考慮しようというものです。

　他方で、そもそも被相続人には、自身の財産についてその生前から誰に何をどのように取得させるのかについて、遺言により、その財産を処分する権限が認められています（民法960条以下）。推定相続人となる者の相続の開始による相続財産取得の権利よりも、遺言者の意思を優先させるというものです。遺言者は生前、その財産を自由に処分できた以上、死後、帰属先を失う財産についても、その次の帰属先を決めることができるというのが遺言制度です。

　遺言がある場合、遺言者の意思が法定相続よりも尊重されることになります。そうである以上、遺産分割の場面においても、財産の処分について被相続人の意思が認められるのであれば、その意思は尊重されるべきということになります。

　そのような被相続人の意思に法的な効果を認めるのが、いわゆる特別受益の持戻し免除の意思となります。民法903条3項「被相続人が前2項の意思と異なった意思を表示したとき」は「その効力を有する」とされています。この点、平成30年改正により文言は「その意思に従う」と改正されています。

民法903条1項の特別受益の持戻しの制度は、被相続人が生前に遺産を前渡ししているものとして、被相続人の意思を考慮しつつ共同相続人間の実質的公平を図るものです。よって、特別受益には当たるといえるような場合、すなわち、被相続人に相続財産の前渡しの意思が認められるような場合であったとしても、他方で、並存する被相続人の意思として、その特定の相続人だけ、他の共同相続人とは異なり、多くの遺産を取得させるような意思も認められるなら、被相続人の意思は、共同相続人間の実質的な公平よりも尊重されるべきということになります。そのような場合にはたとえ生前に、相続財産の前渡しを受けていたといえるとしても、相続開始後の遺産分割の場面において、持ち戻して調整することは不要であり、現に相続時にある遺産のみをもって遺産分割の対象とすべきということとなります。

　ただ、被相続人の意思を遺言と同様に尊重するといっても、法律上、さらに優越して保障されるべきと規定される利益があります。それが、遺留分です（改正民法1042条1項、民法1028条）。民法964条は、遺言者は、包括または特定の名義で、その財産の全部または一部を処分することができるとしつつ、「ただし、遺留分に関する規定に違反することができない」としていました。

　被相続人の意思を尊重するという持戻し免除の意思に関しても、「その意思表示は、**遺留分に関する規定に違反しない範囲**で、その効力を有する」（民法903条3項）と明記されていました。平成30年改正によって、こうした文言は削除されていますが、解釈に変わりはなく、遺留分が優先するものとされています。

（1）明示の意思表示

　具体的にどのような場合において持戻し免除の意思表示が認められることになるのでしょうか。

　この点、被相続人が、明確に、生前に長男に贈与した自宅建築用の土地の

贈与について、持戻しを免除するという書面を作成して残していれば、持戻し免除の意思が認められるということになります。

さらに端的には、持戻し免除の意思表示は、**遺言に記しておく**こともできます。例えば、相続開始後に共同相続人間において特別受益として問題とされそうな生前の財産贈与が明らかな場合は、当該贈与財産を特定し、贈与した旨とともに、持戻しを免除する旨を記載しておくことができます。

ただ、そもそも当該贈与の事実があっても、相続財産の前渡しという意思ではないという事情が認められる場合は、持戻し免除の意思表示ではなく、そもそも特別受益には当たらない旨、当時の贈与の経緯を**遺言の「付言事項」**として記した遺言を作成しておくこともできます。この場合、記載事項は、遺言の記載事項としての法的効力が生じるものではありません。生前の贈与については、単なる贈与ではなく特別受益となると、遺留分侵害の場面においてみなし相続財産として、遺留分額算定の基礎となる財産に加算されます。この場合、遺言において持戻し免除の意思を明記していても、遺留分に関する規定に反することはできず、遺留分が優先するといわざるをえないからです。

後に特別受益といわれかねない生前贈与財産がある場合、遺言の作成の場面においては、特別に遺産の前渡しをしたものではないことが分かる経緯、さらには念のため、持戻し免除の意思を書き残しておくという対策が有効です。

> 【例文】
> 長女B美には、同女が離婚した翌年の平成9年、住宅取得資金として3,000万円を贈与している。未成年の子2名がいる中離婚し、就職活動から始める同人や孫を親族として扶養するものであり、遺産の前渡しとなるものではない。仮にそうであったとしても、長男A男にも、同様に2,000万円を留学資金として援助し贈与したことがあったため、特別受益となるものではない。また、仮に特別受益となりうるとしても、持戻しは免除する。

（2）黙示の意思表示

　この持戻し免除の意思表示は、文書で残されているものしか認められないものではありません。民法の世界における意思表示には、明示の意思表示の他に、「黙示の意思表示」というものが認められています。例えば、定期借地権の合意となる意思表示については、「公正証書による等書面によってしなければならない」（借地借家法22条）とされており、このように法律において、その意思表示が書面化されていないと法的な効力を有しないと明文で規定されている場合、書面による明示の意思表示が必要です。

　しかしながら、そのような「書面によってしなければならない」といった規定がない限り、民法における意思表示は、その意思表示の存在が認められれば書面によらない明示の意志表示も、黙示の意思表示も、法律上の意思表示としての効力が認められます。

　持戻し免除の意思表示においては、明らかな明示の意思表示があることはむしろ稀です。問題となるのは、生計の資本としての特別な贈与に当たるとはいえ、黙示の持戻し免除の意思表示が認められるのではないか、すなわち、被相続人は、贈与時に、**どのような意思で贈与**していたのか、**その前後の事情**が問題となります。

　この点、例えば、東京高裁平8.8.26決定（家月49.4.52）においては、被相続人Ａの遺産を巡る、後妻乙と前妻との間の子との遺産分割紛争において、次のように判断されています。

　「記録によると、Ａが昭和62年9月30日にした別紙遺産目録一1記載の土地（持分5分の4）の抗告人乙への贈与は、抗告人乙の長年にわたる妻としての貢献に報い、その老後の生活の安定を図るためにしたものと認められる。そして、記録によると、抗告人乙には、他に老後の生活を支えるに足る資産も住居もないことが認められるから、右の贈与については、Ａは、暗黙のうちに持ち戻し免除の意思表示をしたものと解するのが相当である。」

　「右の贈与がなされた当時のＡ及び乙の年齢や収入などを考慮に入れると、

上記の贈与の目的が上記のようなものであることは否定できないのであり、そのような贈与について、遺産分割の際にこれを持ち戻したのでは、既に老境にある妻の生活を維持することはできないのであるから、持ち戻しを免除する意思がなかったとする、相手方の主張は採用することができない。」

つまり、贈与をした当時の**被相続人の意思**について、**当時の状況を基礎**として推し量ることになります。

(3) 法律上の推定規定（平成30年改正　改正民法903条4項）

そして、平成30年改正では、まさに上記**(2)**における東京高裁決定のような事例を念頭において、改正民法903条4項が規定されました。

① 婚姻期間20年以上の夫婦において、

② 配偶者に対して、

③ 居住の用に供する建物あるいは土地を遺贈あるいは贈与している場合は、持戻し免除の意思表示につき、法律上の推定が生じる

と規定したのです。

ここにおける法律上の推定とは、立証の容易なA事実を立証すれば、B事実の存在を推定するということを法律で定めるものです。推定規定を設けることによって、立証の困難性を緩和するとともに、相手方に主張立証責任を転換するという効果を狙った規定です。

4 まとめ

　特別受益に関して、実務で重要なことは、生前に贈与があれば何でもかんでも特別受益として持戻しがされるというわけではないということです。特別受益制度は、遺産分割の場面における相続人間の公平を図ることを趣旨とした制度である以上、その対象となる生前贈与は、遺産の前渡しとなるような、生計の資本としての贈与に限られるという点がおざなりにされがちです。

　やみくもに生前贈与が主張されるために、紛争が混乱、長期化してしまう一因となっています。当事者間での合意に至らない場合は、審判によって裁判官が判断します。このときに、証拠がない主張事実は認められません。特別受益を主張するからには、贈与の事実のみならず、それが遺産の前渡しであることの主張立証も必要となる点、注意が必要です。

第 3 章

要するに、寄与分とは

1 寄与分とは何か

　寄与分に関する**民法904条の2**は、昭和55年の改正（昭和55年法律第51号）により追加され、翌昭和56年1月1日から施行されました。法定相続分を修正する特別受益に関する民法903条、904条の次に規定されています。すなわち、寄与分も特別受益と同様に、**相続人間の公平を図る**ため、法定相続分を修正して、**具体的相続分を算出**するための規定です。寄与分に関してのこの規定は、相続人間の公平のために実務上、考慮されていたものを確認的に明記したものといわれています。1項は具体的には次のように規定されています。

> 民法904条の2
> ・**共同相続人**中に、
> 　・被相続人の事業に関する**労務の提供**又は**財産上の給付**、
> 　・被相続人の**療養看護**
> 　・**その他**の方法により
> 　・被相続人の財産の**維持又は増加**について
> 　・**特別**の寄与をした者があるときは、
> 　被相続人が相続開始の時において有した財産の価額から共同相続人の協議で定めたその者の**寄与分を控除**したものを
> **相続財産とみなし、**
> 　第900条から第902条までの規定により算定した**相続分に寄与分を加えた額**をもってその者の相続分とする。

　要するに寄与分とは、寄与分の額を寄与者に確保するために、相続財産から寄与分の額を控除し、特別受益と同様、相続開始時に現にある財産とは異なる財産を「相続財産とみなし」、民法900条等で規定された法定相続分に「寄与分を加えた額」をもって寄与した者の相続分とするとして、修正し、具体的相続分を算出する規定です。民法903条における特別受益の制度と同様に、相続開始時に現にある財産を単純に法定相続分で分割するのでは、相続

人間の公平性に失するとして、調整を図り、相続人間の実質的公平を図ることをその趣旨としています。

「その者の相続分とする」ということで、遺産分割の場面における法定相続分に関して、遺産の前渡しとして受け取っていた価額を結果として控除するのが**特別受益制度**、他方で、遺産となる被相続人の財産の維持又は増加に特別に寄与していた場合は寄与分を加算する制度が**寄与分制度**です。

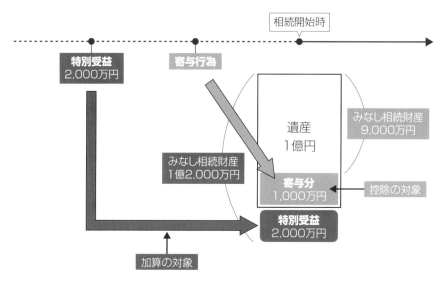

民法903条の特別受益制度、民法904条の2の寄与分制度は、共に遺産分割の場面において分割の基準となる各自の相続分について、法定相続分では相続人間の公平性が害されるという場合の調整制度です。もっとも、寄与分については被相続人の財産に対する寄与についての**清算**という財産権に近いものとして捉える考え方もあります。すなわち、寄与分制度は、①相続人間の公平の実現と、②被相続人の財産に対する寄与についての清算という側面から考察されうるというものです。平成30年改正により創設された**特別寄与料の請求権**（改正民法1050条）は、「共同相続人」に限ることなく、被相続人の**親族**について、寄与を考慮するとしたものであり、相続人ではない者についても、被相続人の財産に対する関与を理由に権利を認める点、清算的

な側面が強いものです。

■ **要件**

「寄与分」として具体的に寄与者としての相続分が加算されるのは、具体的にどのような場合でしょうか。

条文の規定の仕方から、次の2つの条件が満たされて初めて寄与分として認められると解され、運用されています。

①寄与行為が**特別の寄与**であること

②寄与行為によって被相続人の**遺産を維持又は増加**させたこと（因果関係）

また、寄与行為として認められるとしても、③法定相続分に加算される**寄与の額**はいくらなのかという点も問題となります。この点は、民法904条の2　2項において「寄与の**時期**、**方法**及び**程度**、**相続財産の額**その他**一切の事情**を考慮して、寄与分を定める」とされています。

まずは、寄与分としての寄与と認められる要件につき具体的に検討していきます。ここで肝心なのは、**被相続人に対して何らかの貢献があれば必ず寄与行為として評価されるというものではない**という点です。一般的に「寄与分」という言葉が知られてきたために、被相続人に対して何らかの世話をしていれば当然、それが遺産分割においても考慮されると思われがちですが、遺産分割の場面において相続人間の**財産的な公平**を図るものである以上、その要件は意外と厳格に解され、運用されています。

① **寄与行為が特別の寄与であること**

寄与行為としては、条文上も、事業に関する労務の提供又は財産上の給付、被相続人の療養看護、その他の方法と**分類**されています。

いずれにしても、当該寄与行為が**特別のもの**と評価される必要があります。

被相続人の遺産の維持に貢献した側面があったとしても、その被相続人と相続人との**関係性**において、**通常期待**されるような労務の提供、財産上の給

付、療養看護等を行ったに過ぎない場合にまで、遺産分割の場面において相続人の間での法定相続分を修正する必要性はないからです。

では、法定相続分の修正が認められるほどの**特別性**とは何なのでしょうか。

一般的には、**被相続人との身分関係**において、**通常期待される程度を超える貢献**であることが必要とされています。

例えば、寄与に対して、**相応の対価**をもらっていたような場合は含まれません。寄与行為は**無償**であることが必要と解されています。

また、**法定される扶養義務の範囲内**といえる程度の寄与行為と評価される場合も、特別なものとはいえないことになります。民法752条は、夫婦間における**協力・扶助義務**を、民法877条は、親子や兄弟姉妹間の**扶養義務**を規定しています。ここにおいて想定される範囲内の労務の提供等は、遺産分割における寄与としては考慮されません。

寄与の特別性はこのように抽象的に説明されることがほとんどなのですが、相続人間の実質的な公平を図るため、原則としての法定相続分の修正を行うものである以上、あくまでも**相続開始時の遺産そのものに対する形成・維持**としての貢献が問題にされることから、特別性の点でふるいにかけられる点はやむを得ないものです。

制度の出発点としては、相続人の貢献、献身を相続時において金額で評価しようというものではなく、法定相続分を揺るがせるほどの**遺産に対する寄与**が問題となるのです。そこにおいては、法定相続分のままでは相続人間の公平が害されるというほどの特別性が求められるのです。

② **寄与行為によって被相続人の遺産を維持又は増加させたこと（因果関係）**

特別といえる寄与行為があったとしても、そもそも寄与分が問題となるのは**被相続人の遺産の分割の場面**においてです。

当該遺産の形成、維持に対して、その特別な寄与行為は何ら関係がないと

いう場合、つまり、そのことによって被相続人の遺産の減少を防いで維持したり、あるいは増加させたといった事情が認められない場合にまで、遺産分割の場面で法定相続分を修正する必要性はありません。

「寄与」という言葉からすると、被相続人に対して、生前に何らかのことをしてあげていたらその行為について相続の場面で報われるべきなのが寄与分の制度とも思われがちです。

しかし、その効果が法定相続分の変更となるものである以上、あくまで被相続人の遺産に対して維持あるいは増加といった**財産上の因果関係**が認められる場合の制度に過ぎないという点、注意が必要です。

例えば、介護が必要な老親を引き取り、一緒に暮らし始め、そのために1,000万円をかけてリフォーム工事をして自宅をバリアフリーにしたような場合、被相続人である老親に対して、他の兄弟との比較でいえば、特別な寄与行為、労務の提供や財産的支出の負担があったともいえます。しかしながら、**リフォーム工事そのもので被相続人の財産が維持、増加したわけではありません**。よって、寄与分は認められないということになりそうです。

もっとも、**工事の経緯から、被相続人が自ら費用を負担すべき**ところ、これを相続人が**代わって支出した**といったような事情が認められる場合は、被相続人は1,000万円のリフォーム工事費用について支出を免れ、遺産が維持されたと評価されることもありえます。この場合は、寄与分として認められることもありえます。

相続の場面においては「寄与」という行為、用語が一般的にはなっていますが、法律上の効果が認められるためには相当ハードルが高いという点は、押さえておく必要があります。

以上の2つの要件を満たしたとして、では**寄与として金額はどのように評価**されるのでしょうか。この点は、次の各寄与行為の類型と共にその効果としてみていきます。

遺産分割の実務上、相続人から寄与分が主張される場合、一定の類型があります。条文上も、次のように記載されています。

- 「被相続人の事業に関する労務の提供」
- 「財産上の給付」
- 「被相続人の療養看護」
- 「その他の方法」

注意が必要なのは、いずれにしてもこれらの行為があったから必ず寄与分が認められるというものではなく、**無償の特別なもの**であること、そして、これらの行為の結果、**被相続人の財産を維持又は増加させた**といえる必要があるということです。

寄与行為の類型によって、当該要件を満たすか否かのポイントが異なってきます。以下、類型別に検討します。

❶ 被相続人の事業に関する労務の提供

被相続人の「事業」に対し、労務を提供したことにより、相続時において「財産の維持」又は「増加」に「特別」の寄与が認められるとして、相続人間において実質的な公平が図られるべき場合とはどのような場合でしょうか。

これは、誰が、どのように、どのような経緯で、どのような「労務の提供」をしたかによります。

(1) 被相続人との関係—親族間の義務の範囲か否か—

例えば、被相続人の妻であったり、子であったりという場合、その間には、法的な関係として、夫婦、親子の関係があります。

夫婦の場合は、**民法752条**が「夫婦は同居し、互いに協力し扶助しなければならない」と夫婦間の協力義務を規定しています。この夫婦間の協力義務

の程度としては、**自分の生活と同程度の生活を相手にも保障**しなければならないというものです。**生活保持義務**といわれます。この義務は、自身が苦しいときでも少ないパンを分け与えるべき義務があるとするものです。

また、親子間においては、**民法730条**が「直系血族及び同居の親族は、互いに扶け合わなければならない」と**互助義務**を規定しています。

さらには、直系血族及び兄弟姉妹において、**民法877条**は「互いに扶養をする義務がある」と**生活扶助義務**を規定しています。この生活扶助義務の程度は、夫婦間の義務よりは程度は低く、自身が通常のレベルの生活を送ってもなお余力がある場合に助けるようにというものです。自身に余力がない場合は、助けなかったとしてもやむを得ないとされる関係です。

被相続人の事業が、農業であろうと、製造や販売事業であろうと、そこにおける労務の提供が、**上記の各義務の範囲内**と評価されるものについては、いずれにしても「特別の寄与」行為とは評価されません。

例えば、親である被相続人が農業を営んでおり、初夏の田植えだけは人手が足りないから、毎年泊まり込みで手伝う、あるいは飲食店、食品製造業において、繁忙期のみ手伝うといったことは親族間での扶助義務の一環ともいえます。

この労務の提供によって、他人を雇った場合の人件費相当額の支払を免れ、財産が維持されたとしても、**特別の寄与行為**とは評価されません。

(2) 親族間の義務を超える事業に対する労務の提供があった場合
　　―相当な対価の有無―

親である被相続人が営む事業につき、子である相続人が一緒にその事業を行っていた場合はどうでしょうか。また、その労務の提供によって、被相続人が営む事業が発展し、相続財産の形成に繋がっているといえるような場合はどうでしょうか。

この点、やはり「特別の寄与」というには、無償による労務の提供、あるいは無償と評価できるような低賃金、低報酬であったという事情がない限り、特別の寄与とは評価されません。

　従業員、あるいは役員として勤務することにより労務を提供していたとはいえますが、**相当な対価**を得ている限り、特別の寄与行為とは評価されません。

　札幌高裁平27.7.28決定（判タ1423.193）は、被相続人が経営した簡易郵便局の事業に従事した相続人の寄与分の申立てにつき、相続人は、被相続人の郵便局の事業に従事したことにより「相応の給与を得ていた」として、郵便局事業への従事が、被相続人の財産の維持又は増加について特別の寄与をしたとは認められないと判断しました。

　この判断においては、相続人が被相続人と同居し、**家賃や食費は被相続人が支出**していた点も考慮されています。また、**給与水準**については、従事する事業の内容、企業の形態、規模、労働者の経験、地位等の諸条件によって判断する旨、判示しています。

(3) 寄与の額の算定方法

　認められるにはハードルが高いとされる寄与ですが、認められる場合、寄与の額の算定についてはどのように判断されるのでしょうか。

　民法904条の2　2項は次のように定めています。

> **民法904条の2　2項**
> 前項の協議が調わないとき、又は協議をすることができないとき、家庭裁判所は、同項に規定する寄与をした者の請求により、寄与の時期、方法及び程度、相続財産の額その他一切の事情を考慮して、寄与分を定める

　家庭裁判所の寄与分の審判においては、残された**遺産の何%の寄与**があったと判示するものが一般的です。

明確に、例えば、遺産1億円に対して4,000万円分の寄与行為があったと認定できる事案もありえますが、実際には、寄与が認められるべきケースであるものの、具体的な算定が困難という場合に、**遺産に対する割合**で評価しています。

　例えば、被相続人の事業に対する労務の提供や、被相続人に対する療養看護があった場合については、家庭裁判所では30％の寄与分を認定したものの、即時抗告審となる高等裁判所においては15％が相当と変更したものもあります。遺産に対して何％が寄与分として認められるのかというのは**予測も困難**であり、難しい問題です。

　大阪高裁平19.12.6決定（家月60.9.89）は、次のような判断をしました。

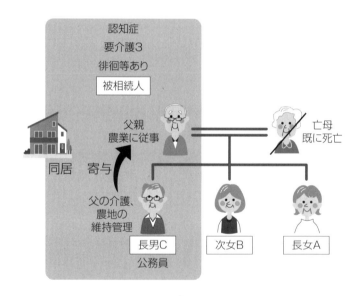

1 「被相続人は平成10年頃からは認知症の症状が重くなって排泄等の介助を受けるようになり、平成11年には要介護2、平成13年は要介護3の認定を受けたもので、その死亡まで**自宅で被相続人を介護**したCの負担は軽視できないものであること」。

2 「Cの不動産関係の支出は、本件の遺産の形成や維持のために相応の貢献をしたものと評価できるけれども、本件建物の補修費関係の出費は、**そこに居住するC自身も相応の利益を受けている上に、**遺産に属する本件建物の評価額も後記のとおりで、その寄与を支出額に即して評価するのは、必ずしも適切でないこと、」、

3 「更に農業における寄与についても、Cが相続人間では最も農地の維持管理に貢献してきたことは否定できないが、公務員として稼働していたことと並行しての農業従事であったことをも考慮すると、**専業として貢献した場合と同視することのできる寄与とまでは評価できない**こと、」、

4 「Cは、もともと、**親族として被相続人と相互扶助義務**を負っており、また、被相続人と**長年同居**してきたことにより、**相応の利益を受けてきた側面**もあること等」、

として、結局は、「**本件の諸事情を総合考慮**」して、「Cの寄与分を遺産の30%とした原審判の判断は過大であって、その15%をもってCの寄与分と定めるのが相当というべきである。」としています。

減額要素があったとしても、寄与分は遺産の30%とされていたものがなぜ半分の15%とされるのかについては、決定の理由においても明確ではありません。

このように、寄与分は認められる場合であっても、その価額評価については**常に不透明な要素**がつきまとうことに注意が必要です。

❷ 財産上の給付

被相続人に対する財産上の給付が、被相続人の財産の維持又は増加について特別の寄与をしたと評価されるのはどのような場合でしょうか。

財産上の給付としては、被相続人が経営する事業に対して、被相続人に金銭を贈与した、あるいは被相続人による購入につきその購入資金として金銭を贈与したといったことのほか、被相続人が負担していた債務を代わって返済したような場合も実質的には被相続人に財産上の給付をしたと評価されえます。

こうした財産上の給付によって、被相続人の遺産を維持又は増加させたといえる場合は、寄与分が認められることとなります。

例えば、被相続人が購入した自宅土地建物につき、相続人の息子がその購入資金のうち700万円を負担していたような場合、負担する経緯として特段の事情がない限り、700万円の寄与があったと評価されます。

■ **寄与の評価－貨幣価値の換算－**

被相続人による不動産の購入資金として700万円を贈与し、寄与と認められるとして、例えば、相続人の財産上の給付として、その不動産購入が昭和62年であったという場合は、平成11年に生じた相続においてどのように寄与分の額は評価されるのでしょうか。

寄与の評価もまた、特別受益と同様に**相続開始時を基準**とします。そのため、貨幣については、相続開始時までの貨幣価値の変動を考慮する必要があります。貨幣価値の変動は、通常、特別受益の場合と同様に、総務省統計局の物価指数を用いて換算されます。

例えば、昭和62年当時の寄与額700万円を平成11年の相続時の貨幣価値に換算すると次のとおりです。

昭和62年度の物価指数をAとし、相続時の平成11年度の物価指数をBとすると、700万円×B／A≒803万6,740円となります。

消費者物価指数　昭和62年12月　87（A）
　　　　　　　　平成11年1月　99.9（B）

❸ 被相続人の療養看護

被相続人の療養看護も、寄与行為の類型として明文化されています。それでは、どのような療養看護の場合、被相続人の遺産を維持または増加させたとして、寄与分が認められるのでしょうか。

療養看護とは、被相続人が事故や病気によって心身が不自由な状態等にある際に、手当をしたり世話をしたりすることです。

このような行為によって、被相続人の遺産を維持または増加させたといえるのは、相続人による療養看護行為が**特別**なものとして、**相当な対価をもらうことなく**行われたことにより、本来、支出されるものが支出されなかったことにより、相続時、遺産が維持されたといった事情が必要となります。
　例えば、東京高裁平22.9.13決定（家月63.6.82）は次のように判示して、療養看護について特別な寄与行為があったとしています。

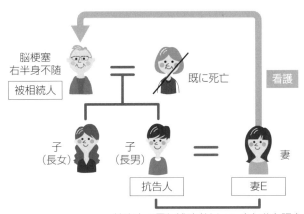

　「Eによる被相続人の入院期間中の看護、その死亡前約半年間の介護は、本来家政婦などを雇って被相続人の看護や介護に当たらせることを相当とする事情の下で行われたものであり、それ以外の期間についてもEによる入浴の世話や食事及び日常の細々した介護が13年余りにわたる長期間にわたって継続して行われたものであるから、Eによる被相続人の介護は、**同居の親族の扶養義務の範囲を超え**、相続財産の維持に貢献した側面があると評価することが相当である。」
　また、事実関係は次のようなものでした。
　「被相続人は、抗告人の妻であるEが嫁いで間もなく脳梗塞で倒れて入院し、付き添いに頼んだ家政婦が被相続人の過大な要望に耐えられなかったため、Eは、少なくとも3か月間は被相続人の入院中の世話をし、その退院後は右半身不随となった被相続人の通院の付き添い、入浴の介助など日常的な介護に当たり、更に被相続人が死亡するまでの半年の間は、被相続人が毎晩失禁する状態となったことから、その処理をする等被相続人の介護に多くの労力と時間を費やしたことは前記引用にかかる原審判が認定するとおりである。」

このEは相続人ではなく、相続人の妻ですが、相続人の「**履行補助者として相続財産の維持に貢献したものと評価でき**」とされています。もっともその評価額は、「200万円を下ることはない」というものです。
　「200万円を下ることはない」という表現からも分かるように、実際の財産への貢献の実額を算出するのは困難であり、このようなケースですら200万円しか認められていないと評価することもできます。

① 被相続人の状況―療養看護の必要性の有無―
　被相続人の状況として、第三者による療養看護が必要であったのかどうかがまず問題となります。
　この点、「疾病があったこと、疾病プラスその疾病によって日常生活に具体的に支障が出ていたこと、周りの人の援助を受けなければ一人では生活ができない状態だったというところまで主張立証」が必要とされています（バヒスバラン（上野）薫「遺産分割事件の実務～遺産分割事件の法的枠組みを理解するために（2）」（『調停時報』195、平成28年）43頁）。
　平成12年の介護保険制度の導入後には、**介護認定制度**がありますのでこの認定の有無、程度が1つの指針となります。要介護2以上の介護認定を受けていた場合は、療養看護の必要性があると認められやすいものとなります。
　なお、要介護状態とは、身体上又は精神上の障害があるために、入浴、排泄、食事等の日常生活における基本的な動作の全部又は一部について、厚生労働省令で定める期間として原則6か月にわたり継続して、常時介護を要すると見込まれる状態であって、その介護の必要の程度に応じて厚生労働省令で定める区分（要介護状態区分）のいずれかに該当するものをいいます（介護保険法7条1項）。
　要介護認定2というのは、排泄、入浴、着替えなどの一部もしくは全てに介助が必要な状態で、着替え等に見守りが必要な程度とされています。

② 継続性

さらには、**療養看護の期間**の問題があります。2～3日、1週間程度では、その間、必要な世話をしたとしても、**親族間の義務の範囲内**として、特別の寄与行為には当たらないでしょう。

裁判実務においては、この観点からの寄与行為としては、1年以上であれば特別性は認められています。ただ、被相続人の状況や他の相続人の地理的な関係や生活環境への影響等から、例えば、3か月であっても、関西で単身暮らす父のために、北海道で暮らして会社勤めをする娘が介護休暇を取得し、幼い子を連れて父と同居し、介護していたような場合は、特別性が認められる余地もあります。

③ 専従性

また、特別の寄与とされるためには、療養看護に関しては、親族の義務の範囲内ではないこと、すなわちいわゆる**片手間というものではなく**、かなりの負担となるものであることが必要と解されています。寄与者においてもどれだけのものを犠牲にしているのか、といった点を見られざるを得ないといえます。

では、特別の寄与行為に当たるとして、その寄与の額はどのように算定されるのでしょうか。

大阪家裁平19.2.8決定（家月60.9.110）では、第三者による介護等であればいくらを要したかを基準とし、次のように親族間であることを考慮して減額した金額とし、日数を乗じて算出された金額につき、**被相続人は当該支出を免れる**ことによって**遺産を維持**したものとしています。

「相手方の被相続人に対する身上監護については、**親族による介護であることを考慮し**、1日当たり8,000円程度と評価し、その3年分（1年を365日として）として、8,000円×365日×3＝876万円を寄与分と

して認めることとした。」

　療養看護行為については、第三者に依頼していたとしたらいくらの支出となったかが一応の基準となります。もっとも、親族によるものであることから、その額は減額されたものとなります。

　さらには、**介護保険制度を利用**していた場合、この**介護サービスを受けた期間**は、**介護日数の中に算入しない**取扱いが裁判所の判断として一般的です。平日の日中は介護ヘルパーにきてもらい土日に介護をしていたというような場合も、**介護を受けていた期間である限り、その土日の分については、特別な寄与行為とは認められにくい**ものとなります。介護保険制度による介護制度は、親族だけではできない部分、職業看護人に依頼するのが通常であると考えられる部分について、国から保障を受けていることとなり、それ以外の部分、親族が負担する部分は、やはり親族間の義務として負担すべきものであって、特別な寄与行為には当たらないという考えによります。

　結局、被相続人につき、介護制度を利用している場合、同居して介護をしていたとしてもほとんどの場合、特別な寄与行為として、被相続人の遺産の維持となったと認められないと考えておくのがよいでしょう。介護サービスを受けている期間については、相続人が介護することによって支出を免れたというのではなく、**国が援助**することによって支出を免れたものと考え、介護行為と被相続人の遺産の維持とに因果関係がないという考えによります。

❹ その他の類型

　その他の寄与行為の類型としては、**（１）扶養型**と**（２）財産管理型**があります。

（１）扶養型

　例えば、老親である被相続人に対して、子である相続人が毎月５万円を送金していたといったような場合があります。

この行為が、特別な寄与行為として被相続人の遺産を維持又は増加させたというためには、そもそも①**扶養の必要性**があったのか、②親族間の**扶養義務を超える**ものといえるのか、③**何らかの対価**を得ていないか、**無償性**はあるのか、④**継続性**はあるのかが問われます。

この場合は、被相続人の状況として、その経済的能力が考慮要素となるほか、他の相続人との関係も考慮要素となります。

例えば、被相続人は自身の十分な資産、年金収入があったものの、相続人である子の気持ちとして、月々の仕送りをしていたといった場合、それが相続開始まで10年間に及んでいたとしても、扶養義務を超えての特別な扶養によって遺産を維持あるいは増加させたと評価するのは困難でしょう。

ただ、例えば、被相続人が当該仕送り金を費消せずそのまま貯金しており、それが600万円あったというような場合であれば、それは遺産の増加として特別な寄与行為として評価される蓋然性が高いといえます。当該預金を相続人間で、法定相続分で分割するのが相続人間の公平に資するとはいいがたいと考えられるからです。

また、扶養による寄与の態様としては、資力のない被相続人を引き取り、同居し、生活の面倒をみていたといった態様もありえます。

この場合、扶養の必要性はあるといえますが、**親子間の扶養義務の範囲**ともいえます（民法877条）。最終的に何らかの形で、被相続人の遺産の維持又は増加という結果がある場合、因果関係が認められるかどうかという問題になります。

（2）財産管理型

被相続人の遺産を維持又は増加させる行為の類型として、財産管理型というものがあります。被相続人の財産を管理することによってその財産の維持形成に寄与したというものです。

例えば、被相続人が有した賃貸マンションの管理を行っていた、あるいは上場株式の売買を被相続人に代理して行っていたというような場合です。

この場合、①財産管理の必要性、②特別の貢献、③無償性、④継続性が求められます。専従性は、財産管理そのものは片手間でもできるので不要と考えられます。

賃貸マンションの管理といった場合、管理業務としてすべきことを相続人だけが無償で行っていたという場合、管理会社に依頼していた場合との比較により、その分の委託料相当額が遺産の維持に結びついているといえます。

もっとも、**無償性**の点で、当該相続人が他に仕事をもたず、被相続人に生活全般の費用を出してもらっていた事情があれば、特別の寄与行為とは認められないということに結びつきます。

では、上場株式の売買はどうでしょうか。依頼当時、総額500万円程度だった被相続人の上場株式資産につき、相続開始時には3,000万円となっていたような場合です。①財産管理の必要性としては、被相続人が高齢となり、売買の判断を人に委ねたいという状況であった場合などが考えられます。

そして、当該相続人がその知見に基づき、上場株式の売買を繰り返した結果、相続時には3,000万円であったような場合、特別の寄与行為として評価されることになりえます。

では、その寄与の額はどう評価されるべきでしょうか。株式遺産の総額が増加した分となる3,000万円－500万円＝2,500万円という評価は、**因果関係**の点で難しいかと思います。保有する株価の総額の増加は、経済的状況の影響もあったでしょうから、保有する株価の総額の全てが相続人による売買の結果ともいいがたいからです。

そこで、この増加した総額2,500万円のうちの何割か、例えば、コンサルタント業によるアドバイスにより売買していれば、得た利益の10％、20％が報酬額となるということになるでしょうから、やはり**増加額のうちその何％か**が、寄与額として相当という判断になると考えられます。

民法904条の2　2項は「寄与の時期、方法及び程度、相続財産の額その他一切の事情を考慮」して寄与分を定めると規定しており、「その他一切の事情」は個々具体的に判断されざるを得ません。

2 寄与の主体・時期

　遺産分割の場面において、「被相続人の財産の維持又は増加について特別の寄与をした」といえるならば、当該「寄与分を控除したもの」が「相続財産とみなし」、「相続分に寄与分を加えた額をもってその者の相続分」とされます（民法904条の2）。

　ここでは、「共同相続人中に」「特別の寄与をした者があるときは」、「その者の相続分」とするということから、大前提として、**寄与行為の主体は相続人**が予定されています。

　しかしながら、上記1の寄与行為の類型に関しては、被相続人の療養看護や事業への労務の提供については、親である被相続人の子である相続人のみならず、その相続人の夫、妻といった**配偶者**や、**孫**も一緒に関与していることも少なくありません。

　こうした相続人以外の関与は一切、相続人の寄与行為とは認められないのかというのが**寄与の主体**の問題です。

　なお、寄与分は相続人にしか認められないという点は、平成30年改正により、相続人以外の者の貢献を考慮する制度が新設され、相続人の**親族**には、相続人らに対する特別寄与料の請求権が認められることとなりました（改正民法1050条）。詳細は後述します。

　また、寄与行為の時期として、相続開始後、遺産分割協議が成立するまでの間、被相続人の遺産としてその維持・増加に努めた相続人がいる場合、遺産分割時においてその者の行為は具体的な相続分として寄与分として評価されないのかというのが**寄与の時期**の問題です。

❶「共同相続人中に」　―寄与の主体―

　民法904条の2の寄与分の制度は、民法903条と同様に、遺産分割における

相続人の法定相続分の修正のため、具体的相続分を算定するための制度です。

よって、修正の契機となる「特別の寄与をした者」というのも、主体は相続人に限られます。その配偶者や子が、いくら被相続人の財産の維持・増加に資する行為をしていたとしても、当該行為はその者の行為であって、相続人の相続分算定の問題とは無関係ということになります。

もっとも、逆に、相続人以外の寄与行為が**相続人の行為と評価**しえるような事情、無関係とはいえない事情があれば、厳密には相続人の寄与行為とはいえないものであっても、相続人による寄与行為と評価され、相続人の具体的相続分の算定において寄与分として評価されることとなりえます。

具体的には、相続人と当該第三者とが「緊密な協力関係」にあるとされるような場合、つまり**相続人の履行補助者**と評価されるような者の場合、その者の行為は相続人の行為と評価され、寄与行為も相続人の行為と評価されえることとなります。

例えば、先の東京高裁平成22年9月13日決定のように、老親である被相続人が認知症となっていた場合、子である相続人は仕事が忙しく、世話ができなかったため、夫婦間の協議によって妻が被相続人の介護等をしていたといったような場合であれば、この妻の行為は夫である相続人の行為と評価されえる場合があります。

この場合、本来、妻は相続人とは別人格であって、妻の行為を夫である相続人の行為と評価してよいかどうかという問題があります。婚姻関係が実は破綻していたものの、妻は姑には世話になっていたのでその気持ちから介護をしていたような場合が考えられます。

第三者の行為を相続人の寄与行為と評価しえるか否かは、その第三者の行為の経緯、動機等の事情によります。

さらには、主体の問題として、代襲相続の場合はどのように考えるべきかという問題があります。

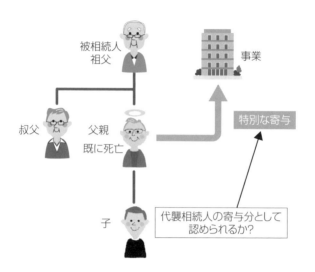

　例えば、被相続人である祖父の遺産に関して、父が特別の寄与行為となる事業への労務の提供をしていた事情はあるものの、父が祖父よりも先に死亡した場合に、代襲相続人となる孫が自分の相続分において、自身の行為ではない父の行為について、寄与分を主張できるのかどうかという問題です。

　この点、代襲相続であっても、相続人は「被相続人の一身に専属したもの」以外は、「被相続人の財産に属した一切の権利義務を承継する」とされており（民法896条）、その法的な地位も承継するとされています。

　よって、代襲相続人であっても、その**被代襲者の地位**を承継した者として、父の寄与行為をもって、自身の相続分につき寄与行為を主張することは認められると解されます（東京高裁平元.12.28決定（家月42.8.45））。

　祖父が亡くなり、遺産分割協議が整わない間に、父の相続が開始し、祖父の遺産分割につき、父の相続分を相続した孫の場合という再転相続の場合においても、同様に、父の寄与行為につき孫は、自身の寄与分として主張できることとなります。**再転相続**とは、相続人が相続の承認も放棄もしないで熟慮期間内に死亡した場合、その者の相続人が、第1の相続につき放棄・承認の選択をする地位も含めて、死亡した第1の相続人を相続することをいいま

す（潮見佳男「詳解　相続法」（弘文堂、平成30年）60頁）。

　では、被相続人である祖父に対し、孫が特別の寄与行為をしていたところ、父が先に亡くなり、祖父の相続につき孫が代襲相続人となった場合はどうでしょうか。孫による寄与行為の当時、孫は祖父の**推定相続人でもありません**。そのような場合の寄与行為を寄与分として評価すべきなのか否かという問題です。

　この点、寄与分制度も、遺産分割の場合における相続人間の実質的公平を図る制度であるということからすれば、遺産分割の際においてその者が相続人となる限り、その者の行為については、結果論となるかもしれませんが、寄与行為として具体的相続分の算定において考慮することが公平に適うと考えられます。

□ 平成30年改正

　以上が従前の寄与の主体に関する問題でした。相続人以外の寄与、特に相続人の配偶者による被相続人の療養看護等については、これまでは、相続人の履行補助者という考え方によって実際の不公平が是正されてきました。

　しかしながら、平成30年改正では、「第十章　特別の寄与」が新設され、**相続人以外の寄与**についても、相続の場面で考慮されることとなりました。その内容は、特別寄与者の相続人に対する金銭請求を認めるというものです（改正民法1050条）。

　これは新設された第10章の中の1050条というその条文の位置からしても、相続人間の実質的な公平を図り法定相続分を修正するというものとは異なる趣旨からの制度です。すなわち、遺産に対する清算的なものです。もっともその制度としては、寄与分の認定と類似したものとなっています。その主体は**被相続人の親族**に限定され、また、請求期間についても、相続の開始等を**知った時から6か月**あるいは相続の開始から**1年**を経過したときはできない

と限定されています。

> **民法1050条1項**
> 被相続人に対して無償で療養看護その他の労務の提供をしたことにより被相続人の財産の維持又は増加について特別の寄与をした**被相続人の親族**は、相続の開始後、相続人に対し、特別寄与者の**寄与に応じた額の金銭の支払**を請求することができる。

❷ 寄与の時期

　寄与分として、例えば、相続開始後の遺産分割の協議が整わない間に、相続人の1人が遺産である賃貸マンションにつき、管理を行い、固定資産税を負担していたといったような場合、遺産分割の場面において「遺産の維持又は増加」をさせていたとして、寄与分が認められるでしょうか。

　寄与分として認められるのは、あくまで**相続開始時までの行為**であり、相続開始後の行為は問題になりえません。相続開始後の行為は寄与分とは別の相続人間の問題となります。寄与分制度は相続開始時の遺産について、どのように具体的相続分を決めるのが実質的公平に適うのかという、遺産分割の問題だからです。

　相続開始後の遺産に関する行為は、遺産分割としての相続の問題ではなく、相続人間における**共有財産の管理の問題**として処理されることとなります。上記問題について相続人間、当事者間において解決されないのであれば、別途、不当利得返還請求等の訴訟によって解決されるべき問題となります。

　なお、相続開始後、遺産分割協議が長引いている間に、遺産である賃貸物件の管理について、その修繕を誰が負担するのか、保証金を責任もって返還できるのか、さらには、賃料を誰が収受するのかといったことで管理に混乱をきたすことがままあります。そうした場合は、家庭裁判所に対して、遺産分割協議が成立するまでの間、遺産を管理する者として**遺産管理人選任の申立て**を行うという方策があります（家事事件手続法200条1項）。裁判所が遺産管理人を選任し、遺産管理人の責任で遺産管理がされることとなります。

相続人間の紛争が熾烈であるような場合、多くは、遺産管理人には弁護士が選任されます。この場合、実務としては弁護士の報酬として、100万円近い予納金を裁判所に納めることが必要とされています。

3 寄与分に関する手続

　特別受益の制度も寄与分の制度も、共に遺産分割の場面において相続人の法定相続分を修正する制度です。その趣旨も、相続人間の実質的な公平を図るものという点で同じと解されています。

　相続人間の遺産分割協議について「共同相続人間に協議が調わないとき、又は協議をすることができないとき」は、分割について「家庭裁判所に請求することができる」とされています（民法907条2項）。

　これが家庭裁判所に対する、遺産分割の調停申立、審判申立です。

　家庭裁判所に対しては、調停ではなく裁判官による遺産分割を求める（審判申立）ことも可能ですが、まずは調停を試みるべきこととされ、調停に付されます。調停が不成立となった場合は、裁判官による遺産分割審判がなされます。

　この分割の審判においては、特別受益については、当事者が主張する限り、裁判官が民法903条の要件を満たすか否かとして判断を示します。

　もっとも、寄与分については、単に当事者が、調停の際、あるいは審判の際に主張しているだけでは、裁判官はこの点について判断を示すことはありません。

　遺産分割の調停の申立てのほか、寄与分を定める処分審判の申立てが必要とされています。これは、民法904条の2　2項において**「家庭裁判所は、同項に規定する寄与をした者の請求により」「寄与分を定める」**とあることによります。特別受益についてはこのような定めはありません。

　こうした手続を規定したものが、家事事件手続法となります。

　家事事件手続法193条においては、次のように、寄与分を定める処分の審判の申立てについては、期間を定めることができ、この期間を経過した申立ては、期間徒過を理由に却下できる旨を規定しています。

この趣旨は、「寄与分は特別受益と並んで法定相続分を修正する要素であるが、特別受益の認定に比べて、**はるかにその認定に困難を来す場合が多い**。それゆえ、遺産分割審判において、寄与分が申し立てられるか否かは事件の迅速な審理に大きな影響を及ぼすことになる。かといって、寄与分は特別受益とともに遺産分割審判の衡平の観点から認められているのであるから、審理の迅速性の障害になるという単純な裁判所側の理由のみによってその申立てを制限できるとはいい難い。そこで、同規則は、まず、裁判所が申立ての期限を定めることができること、そして、その期限を徒過した場合にその後になされた申立てを却下することができること」(坂梨229頁)としたものと解されています。

　特別受益については、遺贈・贈与といった一定の行為の有無とその評価の問題ですが、寄与分という場合、「寄与の時期、方法及び程度、相続財産の額その他一切の事情を考慮して」判断するとされている点、その認定対象と認定手法の違いによる手続の違いともいえます。

4 まとめ

　「寄与分」という言葉も相続の場面において問題となるということはよく知られるようになり、また、高齢化社会の中において、要介護の被相続人を介護し続けた相続人において、寄与分が評価されるべきという主張がされがちです。しかしながら、療養看護においては、介護保険制度の充実もあり、寄与の特別性が認められにくく、さらには、財産の形成・維持との因果関係も認められにくいのが現状です。その労働対価性が評価されるという制度ではないのです。「寄与分」については、その中身を表すものとして、例えば、「特別財産寄与分」といった語句を用いるほうが誤解がなく、紛争の芽を摘めるのではないかと考えます。

第 4 章

要するに、遺留分とは

遺留分制度は、兄弟姉妹以外の相続人について、被相続人の財産に対する一定の権利の確保を認める制度です。被相続人の配偶者、あるいは子、親であるというだけで、法律が遺留分として被相続人の財産について一定割合の権利の確保を認めるものです。ちなみに、被相続人の兄弟姉妹には遺留分はありません。

　この遺留分制度は「被相続人の財産処分の自由を制限し、相続人に被相続人の財産の一定割合の取得を保障することをその趣旨とするものであること」（最高裁平24.1.26決定（集民239.634））といわれています。

　第7章「遺言」の次の第8章「遺留分」として民法1028条以下に規定されていました。

　しかし平成30年改正により、第9章「遺留分」として民法1042条以下に規定され、その効果も大きく改正されました。もっとも、平成30年改正においても、被相続人の財産に対する一定の権利の確保という「遺留分」制度そのものについては否定されることはなく、遺留分をどのように算定するのか、遺留分侵害とは何なのかという基本は変わっていません。そこで、まずは平成30年改正にかかわらず、「遺留分」とはどういうものなのかということから確認していきます。

1 法定相続分との違い

　遺留分と法定相続分（民法900条）とは何が違うのでしょうか。

　法定相続分は、被相続人が亡くなった際の財産について、相続人間で遺産分割をする場合の各自の一定割合を法律が定めたものです。亡くなった被相続人が自己の財産の死後の帰属について決めていなかった場合、すなわち遺言で**全財産の行き先**を決めていなかった場合の問題です。

　そもそも生前において、自己の財産をいつ、どのように処分するかは所有権者、権利者の自由です。被相続人が自己の有する財産を使い果たしていれば、亡くなった相続開始時においてそもそも遺産分割の対象となる遺産はないということになります。この場合でも、被相続人の配偶者や子は推定相続人であり、相続開始によって法定相続人とはなります。しかしながら遺産がない以上、遺産分割の問題も生じません。

　しかし被相続人が、その生前に死期をさとり、その配偶者や子には取得させたくないと、全財産の1億円を慈善団体に寄附してその3か月後に亡くなったというような場合はどうでしょうか。この被相続人の配偶者や子は、遺産がないから何も相続できないということでよいのでしょうか。また、この贈与の相手が相続人のうちの長男だけだったらどうでしょう。

　さらには、生前の贈与に限らず、相続させる旨の遺言や遺贈による全財産の処分であったらどうでしょうか。

　このような事態は不合理であるとして、被相続人の兄弟姉妹以外の相続人には、遺留分が法律により当然に保障されるとされています（改正民法1042条）。

　直系尊属のみが相続人である場合は、被相続人の財産の3分の1に相当する額が、それ以外の場合は、2分の1に相当する額が遺留分として確保されるのです。

遺留分制度は、明治31年制定の明治民法の時から規定されていました。「家督相続では、苟も家督相続を認める以上、家督相続人が家名を維持するに足りる方法を講じなければならず、家名を維持するのに必要な財産は必ずこれを家督相続人に遺すべきものとしなければならない、また、遺産相続にあっても、**被相続人死亡後その近親が飢餓に迫る恐れがないように**するため、多少の**遺留分**を認める必要がある」（大塚正之「臨床実務家のための家族法コンメンタール　民法相続編」（勁草書房、平成29年）299頁）とされていました。その後、昭和22年5月の日本国憲法の制定を踏まえて、民法も改正され、家制度も廃止されましたが、遺留分制度そのものは残り、平成30年改正においても認められたままとなっています。

　ここにおける「遺留分」については、被相続人が、「**相続開始の時において有した財産の価額**」のみならず、「**その贈与した財産の価額を加えた額**」を**加算して算定**するとされています（改正民法1043条）。遺留分の算定に当たっては、相続開始時の財産だけではなく、贈与等した財産の価額を加えるとされたのは、先の例のように、被相続人が亡くなる直前に全財産を贈与していたような場合に、相続開始時には遺産がなく、遺留分算定の基礎となる財産もなく、よって遺留分侵害もないとなる結論が不合理なためです。

　先の1億円の寄附の場合、被相続人の相続時の財産が0円であったとしても、生前贈与の額1億円が加算されます。その上で、配偶者と子が相続人であることから、2分の1の相当額として、5,000万円相当額が遺留分として確保されることになります。

　配偶者と子は、何ら相続できない状態であることから、当該生前贈与によって、遺留分がそれぞれ侵害されているものとして、受贈者を相手としてその生前贈与につき、**遺留分侵害額を限度**に、平成30年民法改正前であれば、「減殺」を、平成30年民法改正後は、「遺留分侵害額に相当する金銭の支払」を請求することができることになるのです（改正民法1046条）。

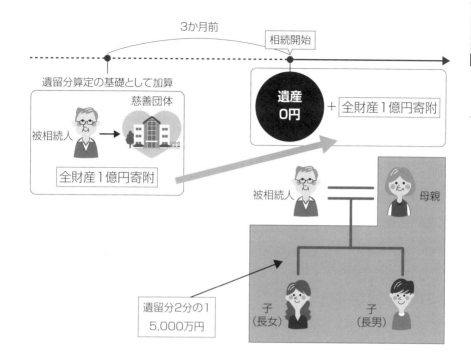

　ただ、相続分についても、法定相続分とはあくまで抽象的な1つの基準に過ぎませんでした。遺留分もまた、上記の2分の1、3分の1といった遺留分は、抽象的なものに過ぎません。

　遺留分が保障されているということは具体的に何を意味するのでしょうか。誰に何をどれだけ請求できるのかという点でかなり複雑な規定となっています。平成30年改正により整理された部分もありますが、具体的な計算方法となると戸惑う人も少なくありません。相続案件や、遺留分侵害事件に関わったことがない弁護士は不慣れですし、国税職員でも正確には理解されていないこともあるかもしれません。

　ただ、**公正証書遺言**の作成件数が平成20年は76,436件であったところ、平成29年には110,191件と約1.4倍となり、年々増加しています。また、民法改正による自筆証書遺言の様式性の緩和により**自筆証書遺言**の件数もさら

に増えていくことが予想される状況です。ちなみに、自筆証書遺言は、家庭裁判所への検認が必要とされており（民法1004条）、平成29年の家庭裁判所への検認申立件数は18,914件でした。遺言の増加にともない、遺留分侵害の事案もさらに増加することが予想されます。遺留分侵害があった場合の民法上の法律関係については、相続に関わる以上は正確な知識が不可欠です。

　まずは、平成30年改正前の仕組みや、裁判例をもとに解説し、適宜、どのように改正されたのかについて触れていきます。ただし、本質的に変わりがない点については、平成30年改正による条文をもとにします。

2 遺留分の算定と遺留分侵害額

(1) 遺留分の算定―加算される範囲―

　保障される遺留分は、被相続人の財産の2分の1または3分の1です（改正民法1042条）。

　しかしながら、遺留分権利者が行使できる権利としては、平成30年改正前の民法1028条は、「**遺留分を保全するのに必要な限度**で」「遺贈」「贈与」の「減殺を請求する」ことができると規定していました。遺留分の2分の1というのも、「相当する額」となります。

　ここでいう減殺の対象とされる「遺贈」については、民法964条に規定されている包括あるいは特定遺贈に限定されるものではないと解されています。被相続人の意思により、法定相続分と異なる割合・方法で遺産を取得させることを広く含むとされ、相続分の指定（民法902条）、遺産分割方法の指定（民法908条）も対象となります。**「相続させる」旨の遺言**についても、原則として**遺産分割方法の指定**と解されており（最高裁平3.4.19判決（民集45.4.477））、同様に減殺請求の対象となります。

　なお、平成30年改正により民法1028条は削除され、この「減殺」という用語は全て法文から削除されました。この点は、遺留分侵害の効果として後述します。

　まず、この遺留分とはそもそも具体的にどのように算定されるのでしょうか。

　遺留分の定め方については、平成30年改正により、「遺留分を算定するための財産の価額」として、民法1043条と1044条が置かれました。このうち、1044条2項は、「904条の規定は、前項に規定する贈与の価額について準用する」と定め、特別受益が関わることが規定されています。なお、寄与分を

定める民法904条の2は準用されていないことに注意が必要です。実務上、遺留分侵害の場面において、特別受益は大きく影響してきますが、**寄与分は関係ないもの**と解されています。もっとも、この点について、最高裁判例があるわけではありません。

　遺留分として、その**算定の基礎となる財産**は次のように計算されます。以下が基本となる計算式となります（改正民法1043条1項、1044条1項）。

```
被相続人が相続開始の時において有した財産の価額
　＋（加算）　　贈与した財産の価額
　－（控除）　　債務の全額
```

　すなわち、まずは**現にある相続財産の価額**を明らかにし、**相続開始時の1年以内になされた贈与**については、その目的物の価額を**加算**し、相続開始時の負債額は**控除**するだけです。

　先の**1**での事例ですと、

```
0円
　＋（加算）　　1億円
　－（控除）　　0円
```

という計算から1億円となり、これが遺留分を算定する基礎となる財産となります。そしてこの2分の1に相当する額の5,000万円が遺留分となります。

　さらに、遺留分権利者は、配偶者と子2名ですので、遺留分額の5,000万円を法定相続分により分割します。

　結果として、配偶者は法定相続分2分の1の2,500万円、子2名は、その

2,500万円につきさらに各2分の1となり、それぞれ1,250万円が具体的な遺留分額となります。

（2）加算される生前贈与　その1

　この加算される贈与については、条文上、相続開始前の1年間において被相続人がしたものに限られます（改正民法1044条1項）。

　先の事例においては、慈善団体の**寄附が相続開始の5年前**であった場合、その1億円は遺留分算定の場合において加算されることは原則としてありません。

　このような期限は、被相続人による生前の贈与につき無限定に加算すると、受贈者と相続人との利益衡量のバランスにかけることから1年以内のものが相当とされたことによります（中川善之助「注釈民法（26）」（有斐閣、平成25年）357頁）。このため、遺留分権利者に損害を加えることを知って当事者双方が贈与をしたような場合は、保護する必要はないものとして、1年前の日より前にした贈与も加算の対象になるとされています（改正民法1044条1項）。

（3）加算される贈与　その2―相続人に対する特別受益―

　では、このような生前贈与が相続人に対してなされていた場合はどうでしょうか。改正民法1044条2項は、民法904条の特別受益者の相続分の規定を準用しています。

　特別受益が問題となるのは、相続人間においてです。

　この準用が意味することは、**生前贈与が相続人に対するもの**の場合は、相続人以外に対するときとは異なる取扱いがなされるということです。すなわち、被相続人が1人の相続人に対して、**生計の資本として贈与**していたような場合、その贈与の価額は遺留分算定の基礎とされることになるのです。そしてこの加算は相続開始前の1年間になされたものに限られません。

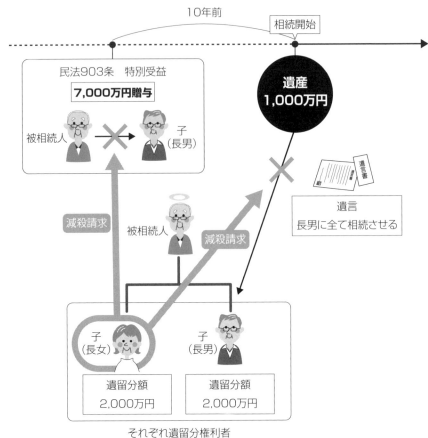

　例えば、相続開始の時に有した被相続人の財産は1,000万円のところ、実は10年前に長男にだけ7,000万円の現金を贈与していた場合、7,000万円の生前贈与が特別受益に当たるなら、1,000万円に7,000万円が加算されたものが遺留分算定の基礎となる財産となります。

　相続人は長男と長女の2名とすると、遺留額は、1,000万円＋7,000万円＝8,000万円の2分の1として、4,000万円となります。そして長女の法定相続分は2分の1ですので、長女の遺留分額は2,000万円となります。

　しかし遺産は1,000万円しかなく、しかも遺言によって、遺産は全て長男

に相続させるとなっていた場合、相続開始の時にある財産だけではその遺留分が保全されません。平成30年改正の前における遺留分減殺請求の問題として、遺留分権利者である長女は、全てを相続させる旨の遺言だけではなく、特別受益となる7,000万円の生前贈与についても、遺留分減殺請求の対象としうるかどうかという点が問題となりました。遺留分算定の基礎となる財産とするか否かと、その遺産の贈与の効果を否定できるかは別の問題だからです。

　長女の遺留分額は2,000万円であるところ、相続させる旨の遺言によって1,000万円を長男が相続することとされており、長女の2,000万円の遺留分額が侵害されていることになります。そこで、まずはこの相続させる旨の遺言が従前の減殺請求の対象となりますが、遺産は1,000万円に過ぎない以上、2,000万円の侵害額は保全されません。また、そもそも長男自身も2,000万円の遺留分を持つ身となる以上、長男の遺留分を否定することはできません。後述のとおり、**同じく遺留分を持つ者**への1,000万円を相続させる旨の遺言を減殺請求によって全て否定することはできません（減殺の**範囲**の問題）。

　そこで、特別受益となる長男への7,000万円の生前贈与についても、遺留分減殺請求の対象とできるかどうかが問題となりました（減殺の**対象**の問題）。

　つまり、特別受益となる生前贈与は、

①　１年前に限らず、遺留分算定の基礎となる財産に算定されるのか

②　減殺請求の対象となるのか

という２つの問題があったのです。

　この点、①については、平成30年改正前においても、民法1044条により、民法903条、904条を準用する条文がある以上、前述のとおり遺留分算定の基礎として加算され算定されると解されていました。特別受益に期間制限がない以上、その贈与が10年前でも、20年前でも基礎となる財産として加算されるのです。

　しかしながら、この点は平成30年改正によって、その加算の対象となる

特別受益の期間は**「相続開始前の」「10年」「間にしたものに限り」**と限定が付されることになりました（改正民法1044条3項）。これは改正により従前の実務の根拠となっていた裁判例（最高裁平10.3.24判決（民集52.2.433））を変更したものです。

また、この最高裁平成10年3月24日判決は、問題点②に関しても、特段の事情がない限りは、遺留分減殺の対象になると判断していました。

「民法903条1項の定める相続人に対する贈与は、右贈与が相続開始よりも相当以前にされたものであって、その後の時の経過に伴う社会経済事情や相続人など関係人の個人的事情の変化をも考慮するとき、減殺請求を認めることが右相続人に酷であるなどの**特段の事情のない限り**、民法1030条の定める要件を満たさないものであっても、遺留分減殺請求の対象となるものと解するのが相当である。」としていました。ただ、やはりあまりにも以前のものについては、「減殺」の対象として、その効力を否定することが酷な場合もあることを前提として、「特段の事情のない限り」としています。

平成30年改正によって、この「相当以前にされたものであっても」という点は、**10年という期間制限**が付されることとなりました。しかしながら、それでも、民法903条の要件を満たす特別受益であるならば、10年以内であれば遺留分算定の基礎として加算されますし、平成30年改正民法による遺留分侵害額請求に影響を有することになることは変わりません。

相続、相続税、事業承継として、株式や不動産等の**生前贈与が活用**されることがあります。しかしながら、単なる税制の問題だけではなく、相続開始後の問題として、**遺産分割における特別受益**のみならず、**遺留分**についても十分に検討しておく必要があることになります。

すなわち、その生前贈与が民法903条の特別受益となるかならないか、なりうるとした場合、相続開始時の財産との兼合いによって、他の**相続人の遺留分とその侵害額**の紛争が想定されることとなるのです。

平成30年改正前は、「減殺請求」によって、当該対象となった行為の効力

が否定されていました（民法1031条「遺留分を保全するのに必要な限度で、遺贈及び前状に規定する贈与の減殺を請求することができる。」）。

上記の例でいえば、①相続させる旨の遺言の効力、さらには10年前の②7,000万円の生前贈与の効力を、その遺留分を侵害する限りで、一部あるいは全部を否定する効果を持つとされていたのです。

対象となる生前贈与が不動産の贈与であれば、その効力が否定されることにより、遺留分権利者は、遺留分権利として当該不動産の共有持分を取得するとされていました。これがいわゆる物権的効果といわれるものでした。

しかし、これでは、遺留分権利者と受贈者とは、当該不動産の共有者となるに過ぎません。これは、もともと明治民法下では、遺留分制度は**家産の維持**という趣旨が強く、遺留分侵害行為に対しては、目的財産を取り戻す必要があったことを念頭にしたものともいわれています。しかしながら、戦後の改正民法では、そうした視点ではなく、相続人の最低限の取り分の確保という点から遺留分制度は捉えられています。そうであるなら、その効果としては、物権的効果ではなく、**金銭債権として保護されれば足りる**のではないかと論じられてきました。結果、平成30年改正では、減殺請求を規定した民法1031条は削除され、改正民法1046条1項により、「遺留分権利者」は「受遺者又は受贈者に対し、遺留分侵害額に相当する**金銭の支払を請求する**ことができる」として、従前の遺留分減殺請求ではなく、「遺留分侵害額」請求権を有するものとその効果が改正されました。その結果、遺留分侵害があったとしても、その遺留分権利者の権利行使によっては単なる金銭請求権が生じるのみで、**不動産、株式等の共有等の関係は生じない**ものとされ、法律関係が単純化されることとなりました。

（4）遺留分侵害に対する侵害額請求（減殺請求）を回避できないか
―特別受益の持戻し免除の意思表示の有効性―

生前贈与を活用する際、特別受益としての持戻しの対象とならないよう、

特別受益の持戻しの免除の意思表示の制度の活用が考えられます（改正民法903条3項）。これを活用し、生前に、明示的に持戻し免除の意思表示を残しておくことで、遺留分侵害額請求の場面においてもその効力が認められ、遺留分侵害の問題を回避できないでしょうか。

　この点、改正民法903条3項による持戻し免除の意思表示の効果は改正前の民法903条3項において、「**遺留分に関する規定に違反しない範囲内で**」「その効力を有する」と明示されていました。

　被相続人の意思よりも、**遺留分権利者の保護**が図られているのです。よって、生前贈与等に対する遺留分侵害の影響を特別受益の持戻し免除の意思表示によって回避することはできないとすることが一般的です。なお、平成30年改正により、民法903条3項は、「その意思に従う」とのみ規定されていますが、趣旨は変わらないと解されています。

　もっともこの点、特別受益を受けていたという者が相続放棄（民法938条）をした場合、既に利得を得て確保している利益として、その特別受益の価額について、残された相続人のために持戻しをすべきとはされていません。

　先の**（3）**で例に挙げた、生前に7,000万円の贈与を受けていた長男が、相続放棄をした場合、もはや長男は相続人ではないため、特別受益の問題も生じないとされるのです。長男は7,000万円を確保し、長女は遺産1,000万円を相続するだけです。こうした場合との均衡を考慮し、特別受益の持戻し免除の意思表示が認められるときは、特別受益に当たる財産価額について遺留分の基礎となる財産にこれを含めるべきではないという考えもありえます。ただ、その場合、先の例における長女の遺留分額は、1,000万円×1／2×1／2＝250万円に過ぎないことになります。特別受益の持戻し免除の意思表示の効力として「遺留分に関する規定に違反しない範囲」がどこまでを意味するものか、遺言者の意思の尊重と遺留分権利者の保護との均衡の問題となります。

いずれにしても、遺留分侵害の状況にあり、**持戻し免除の意思表示**があった場合に、**遺留分権利者は何をどのように請求**できるのでしょうか。当該持戻し免除の意思表示は全くないものとして、贈与にかかる財産の価額の全額を相続財産に加算することになるのでしょうか。あるいは贈与にかかる財産の一部の価額が加算されるのかという問題です。

　例えば、法定相続人は、前妻との間の子2名、後妻及びその間の子長男と長女の5名であり、被相続人は、生前8年前に長男に7,000万円の土地を贈与し、その遺言は前妻との間の子らの**相続分を0**とし、長男に対する土地の贈与については**持戻し免除の意思を明記**していたという事案の場合はどうなるのでしょうか。相続開始時の財産は1,000万円の預金です。前妻の子らが、配偶者、長男及び長女に対して、遺留分侵害を理由とした減殺（侵害額）請求をしたときにどのように考えられるのでしょうか。

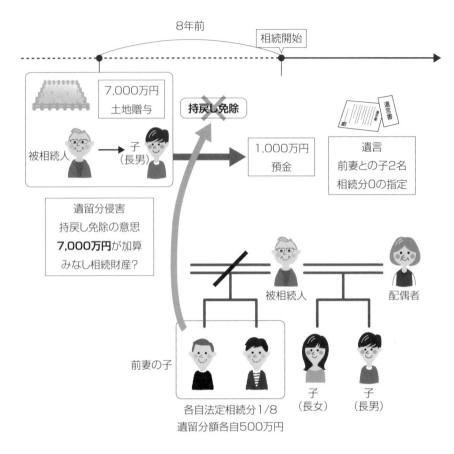

　長男への贈与は特別受益に当たるとして、遺留分算定の基礎となる財産は、1,000万円＋7,000万円＝8,000万円です。

　遺留分は、8,000万円の2分の1相当額の4,000万円、そして法定相続分は子としての2分の1、さらに4名の子ですので8分の1となり、前妻の子ら2名の各遺留分額は4,000万円×1/8＝500万円となります。

　この事案では、遺言による相続分の指定により相続分は0とされ、結果、遺留分額となる500万円の相続はできないことから遺留分侵害があったとして平成30年改正前に、遺留分減殺請求をしたとしても、減殺の対象となったのは相続分の指定ですので、法定相続分として1/2×1/4＝1/8ずつ

を前妻の子らは有するものとなり、なお**具体的な遺産分割の協議等を必要**とする状況になります。つまり、前妻との間の子らは、法定相続人5名の中で具体的相続分を算出して遺産分割協議を行うこととなります。

この具体的相続分を算定する際、特別受益となる7,000万円の生前贈与の額につき、**特別受益の持戻し免除の意思表示**に対する遺留分減殺請求として、具体的相続分算定の際のみなし相続財産となる効果が全額7,000万円相当額について生じるとする考え方があります。

しかしながら、このように考えると、贈与財産の価額7,000万円のうち遺留分侵害額に相当する部分として**7,000万円全額**が全共同相続人の遺産分割の対象として、配分されるに等しいこととなり、遺留分行使者の遺留分各自500万円がかえって確保されないという不合理な事態を招きかねないともいえます。すなわち、計算上、遺産分割の基礎となる財産は、1,000万円**＋7,000万円**＝8,000万円となるため、前妻の子らの相続分額は、その8分の1として各自1,000万円となります。他方で、遺留分侵害による権利行使をしていない配偶者と長女の具体的相続分総額も、それぞれ8,000万円の2分の1の4,000万円、8分の1の1,000万円として、合計5,000万円となり、遺留分減殺請求権を行使していない相続人の権利も増額される結果となります。

そこで、最高裁平成24年1月26日決定は上記のような事案において次のとおり判示しました。

「遺留分減殺請求により特別受益に当たる贈与についてされた持戻し免除の意思表示が減殺された場合、**持戻し免除の意思表示**は、**遺留分を侵害する限度で失効**」するとされたのです。7,000万円の価額の全額が失効するわけ**ではない**ということです。

具体的には、「当該贈与に係る財産の価額は、上記の限度で、**遺留分権利者である相続人の相続分に加算**され、当該贈与を受けた相続人分から控除されるものと解するのが相当である。」とされました。

つまり、7,000万円の全額がみなし相続財産として加算されるのではなく、あくまで遺留分額各500万円を侵害する限りにおいて効力を失い、侵害される額が遺留分権利者の具体的相続分として加算され、この加算の額は贈与を受けた相続人、先の例では、長男の相続分から控除されるというものです。

　なお、こうした問題は、遺留分減殺請求の場合の問題であり、平成30年改正により遺留分侵害額請求権の場合では問題とならないようにも思えます。すなわち、相続分の指定による遺言であっても、遺留分権利者は**あくまで金銭請求ができるだけ**ですので、遺産分割の問題は発生しないと考えられます。

　しかしながら、遺留分侵害額請求についても侵害額の算定の際、何をどのように計算して侵害額を算出するかという場面においては、やはり特別受益の持戻し免除の意思表示による侵害という場面もありえます。そしてその場面においても事情は変わらない以上、上記の最高裁の考え方、すなわち、遺留分侵害額の保障は、権利行使をした者と権利行使をされた者との間において解決することを基本とするという考え方が妥当するものと考えられます。

(5) まとめ

　遺留分とその遺留分侵害額に関する計算、実際の具体的な効果については、平成30年改正の後もなお、複雑な問題があります。遺留分は2分の1、3分の1などといわれますが、具体的な遺留分額を算出するには、遺留分の基礎となる財産として加算される特別受益を考慮する必要があります。

　その上で、遺留分額がいくら侵害されている状況なのかを明らかにする必要があります。この点、遺留分侵害を主張する者もいくらかの相続分や特別受益を得ているときは、その分は遺留分侵害額からは控除されます。こうして**具体的な遺留分侵害額**が明らかとなります。

　そして、当該侵害額について、遺留分侵害額請求権を行使するとしても、次に**一体誰にいくら請求**できるのかが問題になります。ここでは、具体的遺留分以上に相続しているものに対して、その**超過割合に応じて請求**していく

こととなります、
　このように各場面場面において、計算上、単純ではない問題が現れてくるのが遺留分の問題です。

第4章　**要するに、遺留分とは**

3 「遺留分を保全するのに必要な限度で」・「減殺の請求をすることができる」【具体的な請求とその効果】
―平成30年改正　遺留分侵害額請求権―

　遺留分につき、平成30年前改正において、もっとも理解されていない点は、具体的に減殺請求を行ったときの効果、遺留分を保全するのに必要な限度で減殺の請求をすると、実際にはどうなるのかという点でした。

　この点、まずは従前の効果の理解を踏まえた上で、この問題点を解消する形で改正された平成30年改正をみていきます。

■遺留分減殺請求・遺留分侵害額請求－期限と効力－
（1）手続－任意性、遺留分の放棄、期間制限－
　① 任意性
　　遺留分減殺請求については、改正前の民法1031条が、「遺贈及び前条に規定する贈与の減殺を請求することができる。」と規定しています。

　　ここに「**できる**」とあるように、遺留分権利者が遺留分を侵害されているからといって、自動的に減殺請求の効力が生じる訳ではありません。減殺請求しないことも自由です。

　　平成30年改正によっても、その権利行使は任意である点は変わりません（改正民法1046条1項）。

　② 放棄手続
　　そもそも遺留分は、相続の開始前に限っては、**家庭裁判所の許可**を受ければ**放棄**することも認められています（改正民法1049条（民法1043条））。被相続人において、生前、遺言を作成するものの、遺留分侵害による減殺請求によって、自身が思うような相続を達成できないおそれがあると心配するのであれば、自身の推定相続人－多くは子になるのでしょう－に対し

て、遺留分放棄の手続をするように働きかけるということが最も安心確実な方法ということになります。遺留分放棄に必要な家庭裁判所の許可は、被相続人が暮らす地の**家庭裁判所に対する審判申立**によります（家事事件手続法39条、216条）。申立書を提出後、審判のための裁判所への呼び出しを受けることもあれば、書面だけで許可の審判がなされることもあります。裁判所によって運用が異なります。

　遺留分放棄の許可申立事件は、平成29年の司法統計によれば、既済事件4,338件のうち認容は4,172件ですので、ほとんどの場合は申立てにより遺留分放棄が認められています。

③　期間制限

　遺留分減殺請求の行使は、任意であることから、逆に行使される立場の他の相続人等からすると相続開始後、2、3年が経過してから行使されたのではその地位の安定性が阻害されることになります。

　そこで、遺留分減殺請求権は、相続の開始と減殺すべき贈与または遺贈があったことを知った時から**1年以内**に行使しないと権利は消滅するとされています。また、遺留分が侵害されていることを知らなかったとしても、相続開始の時から10年を経過した時も同様です（改正民法1048条（民法1042条））。

　「減殺すべき贈与又は遺贈があったことを知った時」というのは、相続が発生し、自身が法定相続人として相続することになるはずのところ、遺言の存在や、相続財産が十分でないことによって、自身に保障されている遺留分相当額も相続できないような状況であることが分かった時からということになります。

　こうした状況が分かった時点で、一般的には、遺言によって財産を取得するとされている者、生前に贈与を受けていた者に対して、請求権行使の日を確実に証明するために内容証明郵便によって遺留分減殺請求権を行使

する旨の通知を発送します。その法律上の意思表示の効力が生ずるのは、**相手方に到達した時点**です（民法97条）。到達していたか否かが後に争点とならないためにも、**配達証明**のサービスを付したうえで、送付した文書の**内容も証明**できる**内容証明郵便**で行うべきです。

　また、通知の内容としては、とにかく遺留分侵害があること、その減殺請求を行うことが記載してあればひとまず足りるとされています。

　平成30年改正により**遺留分侵害額請求**となったとしても、具体的な金額の請求は当初の権利行使においては要求されないと解されます。遺産内容であったり、生前贈与の状況について詳細が分からなかったりする中、特定の相続人に対する包括遺贈の遺言であれば、遺留分が侵害されていることだけは明らかということもありうるからです。

　ただし、後述のとおり、遺留分侵害額請求をしたのち**改めて具体的な侵害額の請求を行う必要**があります。債務者はこれ以後初めて**履行遅滞の責め**を問われることとなります。また、この具体的な金額の請求は**5年以内**に行わないと消滅時効にかかると解されます（民法166条1項1号）。1度通知を送っただけで安心しないよう、**侵害額をある程度算出**して、**5年以内に別途、具体的金額を請求**することを要することになります。

遺留分侵害額請求権の行使を通知する通知文のサンプル

　私は、被相続人甲山乙美（昭和●年●月●日生まれ。令和元年12月21日死亡。以下「被相続人」という。）の子であり、遺留分権利者となります。被相続人は、東京法務局所属公証人Ａ作成に係る平成24年第555号遺言公正証書を作成しています（以下「本件遺言」といいます。）。本件遺言では、被相続人の全ての財産は長男甲山丙男に相続させるとされています。本件遺言の内容により私の遺留分は侵害されています。よって、貴殿に対して、本書をもって遺留分侵害額請求権を行使いたします。

　なお、「相続させる」旨の遺言は、平成30年改正による民法1014条2項によって、「遺産の分割方法の指定として遺産に属する特定の財産を共同相続人の一人又は数人に承継させる旨の遺言」として「特定財産承継遺言」

と位置付けられました。遺言の場合、遺言者は特定の財産を特定の相続人等に取得させることを望んでのことですので、多くは相続させる旨の遺言と思われます。全てを1人の相続人に相続させる旨の遺言の場合、他の相続人には相続させる意思はないものであり、侵害額はともかくとして、遺留分が侵害されていることはほぼ間違いありません。このような内容の遺言の存在を知ったときは、1年の行使期間内にまずは遺留分侵害額請求を行うのが安心です。

（2） 請求の効力—その問題点—
① 形成権・物権的効力

　平成30年改正前のことですが、遺留分の減殺請求権を行使した結果、一体何が起きるのでしょうか。

　この点、平成30年改正前の民法1041条は「贈与又は遺贈の目的の価額を遺留分権利者に弁償して返還の義務を免れることができる」との規定がありました。また、民法1036条は、「受贈者は、その返還すべき財産のほか」「減殺の請求があった日以後の果実を返還しなければならない」と規定されていました。

　つまり、減殺請求権の行使は、被相続人とその者から財産を受領した者（受贈者）との間の遺贈、贈与に対するものであり、遺留分の減殺請求権を行使されると、「減殺」としてその効力が否定され、遺留分権利者は権利を取得し、被相続人から財産を受領した者は、遺留分権利者に対して受領した財産について「返還」すべきことになったのです。もっとも、その効力は、「遺留分を保全するのに必要な限度」（民法1031条）に限られます。

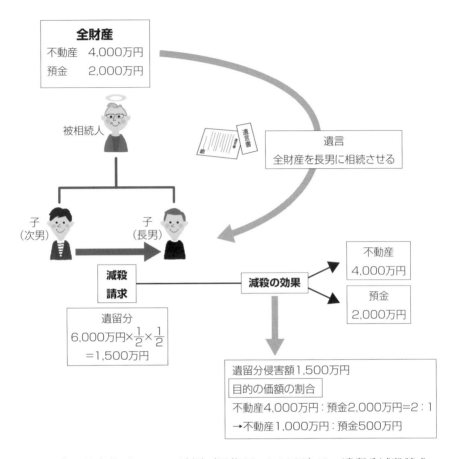

　この点、最高裁昭41.7.14判決（民集20.6.1183）は、遺留分減殺請求権の行使に関しては提訴の必要があるとの主張に対して、次のように判示し、その効果は「形成権」であって、行使によって**遺贈、贈与の効果**は遺留分を保全するのに必要な限度において**失効**し、遺留分権利者が当該物に対する権利を裁判上の請求によることなく**取得する**ものと判示しました。

　「遺留分権利者が民法1031条に基づいて行う減殺請求権は形成権であって、その権利の行使は受贈者または受遺者に対する意思表示によってなせば足り、必ずしも裁判上の請求による必要はなく、また一たん、その意思表示

がなされた以上、**法律上当然に減殺の効力を生ずる**ものと解するのを相当とする。」

　つまり、上記の例では、遺留分を侵害された次男は、長男に対する遺留分減殺請求権の行使によって、当然に、4,000万円の不動産につき**1,000万円相当額の共有持分権**を、また2,000万円の預金については、**500万円相当額の権利**を有する状態となるということです。

　ここにいう「形成権」とは、当該権利の行使によって法律上の効果が生じる性質のものをいいます。例えば、同じく形成権とされる契約の解除権などは、解除の意思表示によって法律上、当然に契約は消滅し、「各当事者は、その相手方を原状に復させる義務を負う」ことになります（民法545条1項）。

　贈与されていたものが不動産であれば、減殺請求権の行使によって、侵害された遺留分を保全する限りにおいて、効力－相続させる旨の遺言による所有権の移転－が否定され、受贈者と遺留分行使者との間の**共有状態**になると解されています。

　遺留分減殺請求の結果生じた共有関係については、通常、遺産分割協議によって解消するものではなく、**共有物分割協議**、あるいは、**共有物分割請求訴訟**によって共有関係の解消が図られることとなります（民法256条）。

　具体的な遺贈、贈与が否定される限り、その目的物は、相続財産に戻るという訳ではなく、**直接的に遺留分権利者に帰属**することになると解されるからです。

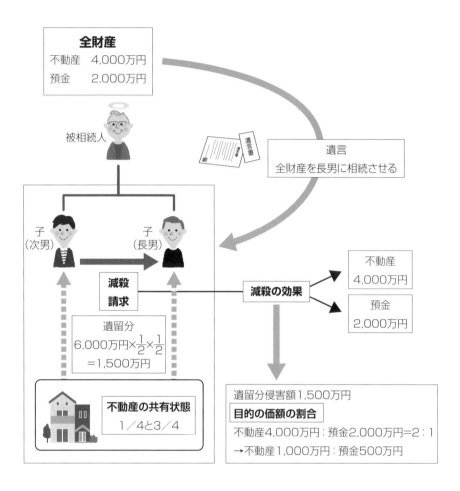

② 減殺請求権の行使の順序と範囲

　先の例では、減殺請求の結果、遺留分権利者として、権利行使をした次男は、当然に4,000万円の不動産につき**1,000万円相当額の共有持分権**を、また2,000万円の預金については、500万円相当額の権利を有する状態となると説明しました。しかしながら、次男の遺留分額は1,500万円、そして侵害額も1,500万円です。2,000万円の遺産預金について、1,500万円分を取得することになってもよいのではないでしょうか。次男は、不動産について共有持分を取得し、兄と共有になることなど望まないのがほ

とんどではないでしょうか。

　この点、先の民法1031条「遺留分を保全するのに必要な限度で」に続けて、民法1033条は「贈与は、遺贈を減殺した後でなければ、減殺することができない」、民法1034条は「遺贈は、その目的の価額の割合に応じて減殺する。ただし、遺言者がその**遺言に別段の意思を表示**したときは、その意思に従う。」とし、民法1035条は「贈与の減殺は、後の贈与から順次前の贈与に対してする」と規定しています。

　すなわち、**減殺の対象**については、**遺留分権利者がその目的物を選択することは認められていなかった**のです。基本的に、相続時の遺贈、後の贈与からとその時期的な制限が規定され、さらには、遺言者の別段の意思表示がない限り、目的物が複数ある場合には、「その**目的の価額に応じて**」減殺されることが規定されているのです。

　先の例では、相続させる旨の遺言として「遺贈」と同じ扱いがされます。そして相続される財産は、不動産と預金です。その価額は4,000万円と2,000万円です。

　そこで、「価額に応じて減殺」されることになるのです。つまり、遺留分侵害額1,500万円は、次の**価額に応じて割り付け**られることとなります。

```
不動産：預金 ＝ 4,000万円：2,000万円
＝ 4,000万円／（4,000万＋2,000万円）：2,000万円／（4,000万＋2,000万円）
遺留分侵害額1,500万円＝不動産：預金 ＝1,000万円：500万円
```

　もっとも、先に述べたように、一般的には遺留分減殺請求をされる者も遺留分を有します。また、遺留分権利者も遺留分が侵害されたからといって、全てが侵害されているわけではなく一部に過ぎないこともあります。

　そのため、これまでの実際の遺留分侵害請求では、遺留分侵害額を算出できたとしても、実際の減殺の対象となる財産等について、どのように侵害額を割り付けるのか、「価額に応じて」侵害額を割り付けるものであっ

たために、遺留分減殺請求権を行使したものの、実際に獲得した権利としては、不動産の共有持分5899分の2250などといったことにもなることが珍しくはありませんでした。

　こうした計算のためには表計算ソフト等を駆使する必要がありました。東京地方裁判所の裁判官らによる研究グループと弁護士との間でも、遺留分減殺請求に係る事件については、次のような表計算ソフトを利用し、遺留分算定の基礎財産額とそこから導かれる遺留分侵害額を主張するようにと提案されています（東京地方裁判所プラクティス委員会第三小委員会「遺留分減殺請求訴訟における遺留分算定について」（判タ1345.34））。この計算表は東京弁護士会等のホームページからダウンロードできます。

　ただし、平成30年改正によって、遺留分侵害によって生じうる権利は遺留分侵害額請求権とされ、その効果はこれまでとは変わり金銭請求権となるため、令和元年7月1日以降については、遺留分の算定とその侵害額を算出するところまでで十分となります。よって、侵害額を取得する財産の価額に応じて割り付けるといった上記のような困難さは解消されることになりました。

【遺留分侵害額等算出シート　東京弁護士会サイトから】

基礎となる財産一覧表

遺留分侵害額計算表

遺留分減殺計算表

		1 妻	2 長男	3 長女	4 次男	5	6
死亡時遺産	受遺(相続させる遺言を含む)額 (1)						
	死因贈与額 (2)						
	未処理遺産合計 (3)						
	評価額合計 (4)＝(1)+(2)+(3)						
生前贈与	生前贈与額 (5)						
	生前贈与額合計 (6)						
持戻後遺産評価額 (7)＝(4)+(6)							
債務額合計 (8)							
遺留分算定の基礎となる財産 (9)＝(7)－(8)							
法定相続分 (10)		1/2	1/6	1/6	1/6		
個別的遺留分率 (11)＝(10)÷2		1/4	1/12	1/12	1/12		
個別的遺留分額 (12)＝(9)×(11)							
債務分担額 (13)							
現在分配額 (14)＝(1)+(2)+(5)－(13)							
未処理遺産取得額 (15)＝(3)×(10)							
うち 金銭債権							
最終分配額 (16)＝(14)+(15)							
権利行使者の遺留分侵害額 (17)＝(12)－(16) ((17)＞0)							
遺贈分担遺贈額 (18)＝(1)+(5)－(12) ((1)が上限)							
遺贈の減殺額 (17)の合計を(18)で按分((18)が上限)							
受遺額からみた減殺率(権利行使者の合算)							
遺留分超過死因贈与額 (1)+(2)+(5)－(12)－(1) ((2)が上限)							
死因贈与の減殺額							
死因贈与額からみた減殺率(権利行使者の合算)							
生前贈与	1 〈1〉の減殺額						
	2 〈2〉の減殺額						
	3 〈3〉の減殺額						
	4 〈4〉の減殺額						
	5 〈5〉の減殺額						
	6 〈6〉の減殺額						
	7 〈7〉の減殺額						
	8 〈8〉の減殺額						
	9 〈9〉の減殺額						
	10 〈10〉の減殺額						

※ 非表示となっている行がありますのでご注意ください。表示させる場合は、前後の行を選択して右クリックし、「再表示」を選択します。

(3) 価額弁償—2つの問題点—

　平成30年改正前の遺留分減殺請求に関しては、その減殺請求の対象となる遺贈、贈与の目的物が不動産や非上場株式であったような場合、その後の法律関係は共有・準共有となります。

　そして、基本的にはその共有関係の解消は、新たな紛争として**共有物分割の訴え**等によることとなります。さらには先に説明したように、その共有の対象物は場合によっては1つや2つでなく、不動産が5つあれば、「価

額に応じて」5つの不動産が共有状態となります。

　そこで、遺留分減殺請求を受ける側においてはそのような事態を回避するため、遺留分減殺請求権の行使に対し、受贈者や受遺者は減殺を受けるべき限度において、贈与又は遺贈の目的物の価額を遺留分権利者に弁償して返還の義務を免れることができるとして、**価額弁償の制度**が用意されていました（民法1041条）。具体的な物の返還に代え、実質的にはその共有持分を買い取るというものです。

　しかしこれは、あくまで遺留分減殺請求を受けた者の権利、同人の選択によるものとされていました。つまり、**減殺請求をした側において、金銭請求をすることはできません**でした。

　この点が平成30年改正によって、権利行使の結果、価額弁償を受けるのと同じく、**遺留分侵害額請求権**になるものとして、その効果が大きく改正されたところです。ただし、以下の問題点は、遺留分侵害額請求権になっても、なお同様の問題点が生じると考えられます。

　価額弁償という場合に、注意が必要な問題が2つあります。

　1つは、①価額弁償を行うとしてその価額は、贈与時、相続開始時の価額によるのか、あるいは弁償金の支払時の価額となるのかという、**価額算定の基準時**の問題です。もう1つは、②価額弁償を行うとして、では、その**価額弁償金支払債務につき遅延損害金**は発生するのか、発生するとして起算日はいつかという問題です。

　この問題は、平成30年改正による遺留分侵害額請求権の場合も同様の問題が生じます。遺留分侵害額請求権を行使した場合、いつの時点の価額が基準となるのか、また、遅延損害金は発生するのか、発生するとした場合は、請求権を行使した時からなのかという問題です。

① 算定の基準時

　価額弁償を行う場合、その贈与や遺贈の「目的の価額」の評価基準時が

いつであるのかは実務上、大きな問題となります。上場株式であったような場合、贈与日なのか、相続開始日なのか、あるいは価額弁償の意思表示をした時なのか、さらには価額を弁償する日なのでしょうか。

　この点、上場株式については、相続開始日の価額を基準として遺留分減殺請求の侵害額が算定されます。

　しかしながら、価額弁償となった場合、その「価額」の算定の基準時について、最高裁昭和51年8月30日（民集30.7.768）判決は、「**現実に弁償**がされる時であり、遺留分権利者において当該価額弁償を請求する訴訟にあっては**現実に弁償がされる時に最も接着**した時点としての**事実審口頭弁論終結**の時であると解するのが相当である」と判示しました。

　つまり、本来、遺留分減殺請求権の行使によって共有状態、あるいは現物をそのまま返還する債務を負うものである以上、その物に代わる価額弁償をするとしても、**返還の際の価額**、弁償する際の価額をもって評価すべきということになります。そして、裁判になっている場合においては、現実に価額弁償をする日にもっとも近接した日として、口頭弁論の終結日が基準時とされます。事実審の口頭弁論終結の時とは、最高裁判所での裁判のような法律審ではなく、証拠による事実認定が裁判所によって行われる審級（一審、二審）において、「訴訟が裁判をするのに熟したとき」（民事訴訟法243条1項）として、当事者による主張立証の審理を終え、後は裁判所による判決言渡しを待つだけの段階をいいます。

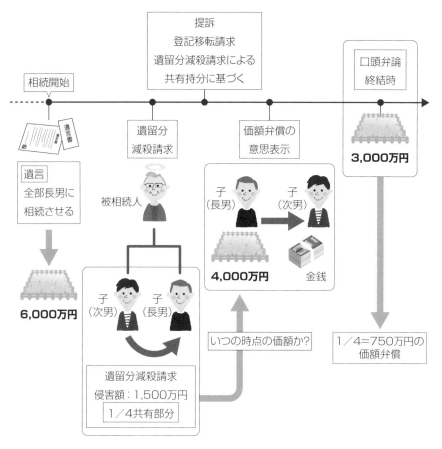

上記最高裁判決では次のように判示されています。

「民法1041条1項が、目的物の価額を弁償することによって目的物返還義務を免れうるとして、目的物を返還するか、価額を弁償するかを義務者である受贈者又は受遺者の決するところに委ねたのは、**価額の弁償を認めても遺留分権利者の生活保障上支障をきたすことにはならず**、一方これを認めることによって、**被相続人の意思を尊重**しつつ、すでに目的物の上に利害関係を生じた受贈者又は受遺者と遺留分権利者との**利益の調和**をもはかることができるとの理由に基づくものと解される」、ただ、「それ以上に、受贈者又は受遺者に経済的な利益を与えることを目的とするものと解すべ

き理由はないから、遺留分権利者の叙上の地位を考慮するときは、**価額弁償は目的物の返還に代わるもの**としてこれと**等価であるべき**ことが当然に前提とされているものと解されるのである。」。

② 遅延損害金

2つ目の問題である遅延損害金の発生の有無と発生する場合の起算日については、遺留分権利者が**価額弁償請求権を確定的に取得**し、かつ、受遺者に対し**弁償金の支払を請求した日の翌日**から遅延損害金が発生するとされています（最高裁平20.1.24判決（民集62.1.63））。

遺留分減殺請求を受けた場合、形成権としての物権的効果により、現物の返還義務を負います。これに対して、請求を受けた受贈者等は、価額弁償を選択し、現物の返還義務を免れることができました。

もっとも、単に価額弁償の意思表示をすれば義務を免れるというものではありません。単なる価額弁償の意思表示では足りず、**履行の提供**が必要とされます。履行の提供とは、債権者を受領遅滞に陥らせる効果を有するものであり（民法413条）、あるいは債務者の債務不履行責任を免れさせるものであることから、**債務の本旨に従った履行の提供**が必要とされます（民法415条）。すなわち、「債権の本旨」に従ったものとして法律上発生するとされる遺留分侵害額に相当する金銭につき、「履行の提供」として、**遺留分権利者が受領できる状態**にしたことが必要となります。

「遺贈の目的の価額について**履行の提供**をした場合には、当該受遺者は目的物の返還義務を免れ、他方、当該遺留分権利者は、受遺者に対し、弁償すべき価額に相当する金銭の支払を求める権利を取得すると解され」ています（最高裁昭54.7.10判決（民集33.5.562））。

では、上記受遺者が遺贈の目的の価額について履行の提供をしていない場合はどのような関係となるのでしょうか。

この場合、「遺留分権利者に対して遺贈の目的の価額を弁償する旨の意

思表示をしたときには、遺留分権利者は、受遺者に対し、遺留分減殺請求に基づく**目的物の現物返還請求権**を行使することもできるし、それに**代わる価額弁償請求権**を行使することもできると解され」ています（最高裁昭51.8.30判決（民集30.7.768））。

その上で、「遺留分権利者が受遺者に対して価額弁償を請求する権利を行使する旨の意思表示をした場合には、当該遺留分権利者は、遺留分減殺請求によって取得した目的物の所有権及び所有権に基づく現物返還請求権をさかのぼって失い、これに代わる価額弁償請求権を確定的に取得すると解するのが相当である。」とされます。つまり、「受遺者は、遺留分権利者が受遺者に対して価額弁償を請求する権利を行使する旨の意思表示をした時点で、遺留分権利者に対し、適正な遺贈の目的の価額を弁償すべき義務を負うというべきであり」「民法1041条１項に基づく価額弁償請求に係る**遅延損害金の起算日**は、上記のとおり遺留分権利者が**価額弁償請求権を確定的に取得**し、かつ、受遺者に対し**弁償金の支払を請求した日の翌日**ということになる。」とされています。

例えば、①平成25年１月相続開始、②同年６月遺留分減殺請求権の行使、③平成26年１月価額弁償の意思表示、しかし履行の提供はない、そして④同年２月遺留分権利者が価額弁償を請求という経緯の場合、④の平成26年２月、請求した次の日から、遅延損害金－現行法では法定利率年５％（民法404条）、ただし、平成29年改正民法404条２項の施行後（令和２年４月１日）は年３％－が発生することとなるのです。この時に**確定的に価額弁償という金銭請求権の権利を取得**し、支払請求をしたことになると解されるからです。

なお、当該価額弁償の価額の算定時期は、裁判の場合、事実審口頭弁論終結時が基準となるというものですが、その遅延損害金は権利が発生し、履行を請求した時からとなります（期限の定めのない債務として、民法412条３項）。

価額弁償債務の遅延損害金について、民法の法的利率年５％あるいは年３％というのは大きな影響を持つものです。

最終的には価額弁償によって解決しようという場合であっても、その行使の時期は慎重に検討すべき事柄となります。

もっとも、価額弁償をしていなかったとしても、「受贈者は、その返還すべき財産のほか、減殺の請求があった日以後の果実を返還しなければならない。」（民法1036条）とされていますので、果実として、例えば、賃貸物件における法定果実として、賃料などは、減殺請求のあった日からの分は返還を要します。

（４）平成30年改正

平成30年改正により、遺留分侵害を受けた遺留分権利者は、**遺留分侵害額請求権を行使**できるものと改正されました（改正民法1046条）。この場合、権利行使をすれば、法律上当然に、遺留分侵害額の金銭支払債務が発生すると解されます。もっとも、その履行期については、**期限の定めのない金銭債権**と解されます（民法412条３項）。遺留分侵害額請求権の行使と遅延損害金については次のように説明されています（増田勝久「遺留分についての改正」（『自由と正義』69.12、日本弁護士連合会、平成30年））。

遺留分権利者は「第２段階として、発生した金銭債権の支払を求めることになる。」「このような二段階の構造を採ったのは、権利関係の早期安定の見地から遺留分侵害額請求権の短期消滅時効（改正民法1048条（民法1042条））は維持する必要があり、反面、**遺留分権利者が具体的な金額を算定するにはある程度の時間を要する**ことに配慮したためである。遺留分権利者は、改正民法1048条の定める期間内に行使の意思表示をしておけば、その時点から**５年**（改正民法166条１項１号、改正債権法の施行までは10年（民法167条１項））以内に**具体的な請求**を行えば足りる。」とされています。

遅延損害金については「発生時期については議論がありうるが、**具体的な履行が可能になる前に遅滞に陥る**とするのは受遺者等に酷であり、遺留分権利者が**具体的請求額を示して請求した日の翌日**から発生すると解する。」としています。

　遅延損害金の発生時期について、遺留分侵害額に大きな争いがあった場合、請求を受けた受遺者等としては、額を争うにしても、5％又は3％となる法定利息につき、遅延損害金の負担を受遺者等のみが負う状況は公平とはいえません。しかしこの点について、平成30年改正によっても紛争が長期化する場合のリスク分担に対する配慮は明記されてはいません。

　もっとも、当該金銭を用意できない者のために、平成30年改正では、**期限の許与**を裁判所が認める制度が新設されました（改正民法1047条5項）。この場合、その制度趣旨からすれば、遅延損害金は許与された期限を経過してからの発生となると解されます。現行法下の遺留分減殺請求訴訟は長期化しやすい傾向があり、価額弁償の場合の遅延損害金の発生時期と改正法における遅延損害金の発生時期との均衡を図る必要性があるところではないかと考えます。すなわち、遺留分減殺額請求では、具体的な金額の請求をした時点で、履行の請求として、以後、遅延損害金が発生すると解されますが、遺留分減殺請求における価額弁償については、金銭債権以外については価額弁償の意思を表示しない限り、金銭債務に対する遅延損害金の問題は生じません。

　また、現行法下においては、遺留分減殺請求をされ、これに対する価額弁償の意思表示をしたものの、遺留分権利者から具体的な請求を受けない場合、価額変動のリスクを回避するため、一定額を超えての債務は存在しない旨の訴えを提起する利益があるとされました。（最高裁平21.12.18判決（民集63.10.2900））。すなわち、弁償すべき額につき当事者間に争いがあり、受遺者が判決によってこれが確定されたときは速やかに支払う意思がある旨表明して、**弁償すべき額の確定を求める訴えを提起**したときは、

受遺者においてその価額を弁償する能力を有しないなどの特段の事情のない限り、訴えには確認の利益があるとされました。遺留分侵害額請求をされたものの、なかなか具体的な金額の請求を受けない場合、あるいは提訴されない場合紛争の早期解決のため、請求を受けた方から訴えを起こすことも認められます。

① 請求の効力—平成30年改正—

遺留分減殺請求の問題点は、その**物権的効力**による**現物返還が原則**である点にあるとされていました。遺留分権利者は、その物が欲しいわけではないことが多いという認識もあったのかと思われます。また、請求される側としても、現物を返還するといっても事業用の不動産、財産であった場合、結局は価額弁償の意思表示をしてその返還義務を免れることとなります。さらに、遺言の内容による遺留分侵害であった場合、遺贈・受贈した財産については遺言者の意思どおり指定した者に取得させ、遺留分権利者との調整は金銭で解決することが**遺言者の意思の尊重**にも資するという考えにもよります。

そこで、平成30年の改正によって、遺留分侵害の場合の遺留分権利者の権利としては、**遺留分侵害額請求権**が発生するものとして、いわば従前の価額弁償の効果のみとされました（改正民法1046条）。

また、相続人に対する特別受益の持戻しによる相続開始時の遺留分の基礎となる財産の価額への加算については、**相続開始前の10年以内**との制限が付されました（改正民法1044条3項）。20年前、30年前の生前贈与が加算され、減殺請求の対象となりうる点が不合理ともいえるため、この点の修正が図られました。

② 平成30年改正、令和元年7月1日施行以後の場合のまとめ

イ 遺留分を侵害された場合

□ 遺留分を侵害していると思われる遺言の内容を**知った時から1年以内**に、受遺者等に対して、**遺留分侵害額請求権を行使する旨の通知**を配達証明付内容証明郵便にて行う。

□ 遺留分侵害額を算定して、受遺者等に対し、**具体的な金額の請求**を行う。

そのために、

① 遺留分の算定の基礎となる財産について調査する。

（イ） **相続開始時の遺産**について調査し、相続開始時点で評価する。

（ロ） **加算される特別受益**について調査し、相続開始時点で評価する。

（ハ） 控除される負債について調査する。

② 侵害される遺留分額を算定する。

遺留分算定の基礎となる財産 × 遺留分行使者の遺留分率から、次の価額を控除

（イ） 遺留分行使者が受ける特別受益

（ロ） 遺留分行使者が相続により取得した財産額─相続債務分担額

□ 以上について、財産の特定と相続開始時における評価として表にまとめる。

□ **具体的な金額を請求**した時から、相手方は**履行遅滞**となる。

□ 相手の資力に不安がある場合、**財産の仮差押処分の申立て**によって費消されることを防ぐことが可能となる。

ロ 遺留分侵害額請求を受けた場合

□ 支払うべき債務の有無と額につき、上記の**イ**と同様の作業を行う。

□ 遺留分侵害額請求を受けたが、具体的な金額請求がない場合、一定

額を超えて債務は存在しない旨の**債務不存在確認請求を提訴**することができる。

☐ また、**一審判決後**においては、控訴した場合であっても、判決による金額を弁済提供し（「債務の本旨」に従った弁済提供といえる）、**受領を拒まれた**場合は、**法務局に供託**をしてその金額については遅延損害金が発生することを防ぐことができる。

4 まとめ

　遺留分については、そもそも遺留分の具体的な価額はいくらなのかを遺留分の基礎となる財産として、特別受益も加算して整理しつつ、その遺留分の侵害額はいくらなのかを計算する必要があります。

　そして侵害額が分かったとしても、**誰にどのように何を具体的に請求**できるのかという点で、物権的効果を有するという点が複雑さを増す要因でもありました。しかしこの点は、平成30年改正によって、金銭支払請求権を有するに過ぎないとされ、シンプルなものにはなりました。もっとも、それでもなお上記のとおり、年利5％あるいは年利3％の**遅延損害金の起算日**はいつか、請求されて現金を用意できずに**期限の許与**を受けたとしても、期限に払えなければやはり遅延損害金は発生し続けるでしょうし、**お金の工面から解放されるわけではありません**。遺留分に関する平成30年改正は、令和元年7月1日から施行されます。遺留分についてはその効果に関して、減殺請求権から侵害額請求権へと大きな改正がなされました。しかしながら、遺留分制度にまつわる種々の問題点、例えば、そもそも遺言の効力は否定されうるという点、特別受益が遺留分額算定において考慮される点、紛争が長期化しやすいにも関わらず債務者は遅延損害金の負担を負う点などの実務的な問題はそのままです。今後も遺留分を巡る紛争は減ることなく、長期化しがちな点も変わらないのではないかと考えます。

　大事なことは、遺言を作成する際、こうした遺留分の本質、実体を考慮して、遺言者から**過去の贈与等に関する聴き取り**を丁寧に行い、**遺留分侵害額請求を予想**したうえで対策を立てておくということになります。すなわち、遺留分侵害額請求を受けた相続人において、**どのような反論、反証**が考えられるのか、**支払のための金銭**を用意できるのか否かといった遺言者が亡くなった後の相続人間に起こるであろう紛争についてまで検討し、

対策を立てて初めて、遺言による相続対策は完結したものになります。

第 5 章

争いになるとどうなるのか

❶ 相続の紛争解決手続の場は家庭裁判所だけではない

　特別受益、寄与分、そして遺留分がどのように判断されるのかをみてきました。とはいえ、実際の紛争の場面において、**どのような紛争**が、**どのような手続**のもとで、**誰がどのように判断**するのでしょうか。

　この点、相続に関わる専門家であっても、紛争形態による手続の振分け、その理由まではよく知らないということが少なくありません。

　どのような紛争がどのような理由からどのような流れで解決されていくのかを知ることは、**紛争解決にかかる時間と費用、見通し**をもつ上でも重要です。最低限の区分けと特徴を理解しておけば相談者の知りたい実際の情報を提供できるでしょう。

❷ 家庭裁判所では解決できない紛争　―地方裁判所へ―

　相続の紛争というと、相続人間、親族間の争いが主であることから、利用する裁判機関としても家庭裁判所だけだと思われがちです。

　しかしながら、相続に関する全ての紛争が最初から最後まで家庭裁判所で解決されるというわけではありません。

　家庭裁判所で最終解決できるものと、家庭裁判所を利用することはできるものの、**家庭裁判所では最終的解決をすることはできない類型**の紛争があります。家庭裁判所では最終解決することができない類型の紛争は、通常の民事裁判として、一審は地方裁判所、二審は高等裁判所、そして最終的には最高裁判所への上告や上告受理申立てを経て、判断が確定してようやく法的解決に至る紛争ということになります。

　通常の民事訴訟で最高裁判所まで争うとなると、その要する期間としては、一般的には、一審判決まで1年弱、控訴審で半年、最高裁の判断は最速で半年程度として、全体として短くても**約2年**は見積もる必要があります。

　こうした紛争の長期化を覚悟しないといけない紛争類型、すなわち家庭裁判所で終局的に解決できない類型の代表的なものが、次の紛争です。

- 相続開始前の財産及び相続開始後の財産を巡る紛争
 －**不法行為に基づく損害賠償請求訴訟、不当利得返還請求訴訟**－
- 遺言が有効か無効かの紛争－**遺言無効確認訴訟**－
- 当該財産が遺産となるか否かの紛争－**遺産の範囲確認訴訟**－
- **遺留分減殺請求**による、現物返還、弁償金支払請求の紛争（改正民法施行の令和元年7月1日以降の相続と遺留分に関しては、遺留分侵害額請求訴訟）－

他方、地方裁判所では解決できない紛争類型、**家庭裁判所で終局的な解決**を図ることが予定されているものが、次の紛争です。

- **遺産分割**－遺産分割の前提としての特別受益、寄与分を巡る紛争－

本書で解説してきた特別受益、寄与分については、**あくまで遺産分割の場面**での相続人の具体的相続分を算定するためのものです。これらについては、家庭裁判所において審理され、解決が図られるものとされています。

他方、遺留分減殺請求（遺留分侵害額請求）については、後述のとおり、家庭裁判所における調停として、調停委員会のもとで当事者間の話し合いでの解決を試みることはできます。

しかしながら、当事者間において**合意に至らない場合**、家庭裁判所での調停は不成立となり、手続はそこで終了します。

請求する側は、**改めて地方裁判所に訴えを提起**する必要があります。後述する遺産分割の場合のように、調停が不成立となると、自動的に手続が審判手続に移行し、最終的に裁判官が審判として分割方法を決めて紛争を解決するということにはなりません。

これは、先の遺言無効確認訴訟等でも同様です。家庭裁判所に対する調停申立により、家庭裁判所で当事者らが協議による紛争解決を試みることはできます。しかしながら、調停が不成立となった場合、請求当事者は改め

て地方裁判所に提訴するしかありません。

❸ なぜ、全てを家庭裁判所では解決できないのか

　なぜ、全てを家庭裁判所では解決できないのでしょうか。それは、上記の紛争類型は、法律上の規定によってその権利義務が明確とされるべき紛争に当たるためです。

　例えば、遺言であれば、民法の規定されている**遺言の有効要件**（民法960条）を満たすか否かが問われ、当事者間においても紛争性の高いものとなります。いわば白か黒かの世界になります。**名義預金**の問題についても、子名義の預金は実は親である被相続人の名義借であり、被相続人の預金として遺産となるか否か、**遺産の範囲に関する確認の訴え**として、権利の有無が紛争当事者の間で決せられることになります。証拠による事実認定と法律の適用により、その権利義務が確定されて初めて紛争が終局的に解決するのです。

　こうした事項は、裁判を受ける権利の保障のもと、民事訴訟による解決がなされるべきものとされています。**訴訟事項**といわれるものになります。

　民事訴訟手続による解決、裁判を受ける権利とは、裁判の公開の原則のもと、当事者主義・処分権主義・弁論主義がとられ、対審構造のもと厳格な手続によって裁判所は公平・中立の第三者として判断を下すことが予定されています。法律、法解釈、事実、証拠の世界になります。

　そうした手続の専門性から、訴訟代理人も弁護士に限られます（民事訴訟法54条）。当事者主義というのは、裁判所は基本的にはその主張立証、証拠収集に手は貸さない、当事者の責任において行うべきものであり、**その不備による不利益は当事者のもの**となるというものです。処分権主義・弁論主義というのは、当事者が当事者の責任で主張立証したことをもって裁判官は判断を下せば足りるというものです。地方裁判所には、家庭裁判所に対するものとは異なり、いわゆる**後見的な役割**は期待されていません。このような手続のもとなされる裁判所の最終的な判断（確定判決）には**既判力**があるとさ

れて（民事訴訟法114条）、二度と紛争を蒸し返すことはできない効力が認められています。

❹ 家庭裁判所の役割

では、地方裁判所とは異なる家庭裁判所の役割とは何なのでしょうか。

権利義務自体を終局的に確定するわけではない事項については**非訟事項**とされ、家庭裁判所において、要件の存否に関する審理・判断にとどまらず、**後見的立場**に立って判断をすることが予定されています。**審判事項**といわれます。その主たるものが、遺産の分割の判断です（民法907条2項）。

このとき、裁判官は、「遺産に属する物又は権利の種類及び性質、各相続人の年齢、職業、心身の状態及び生活の状況その他一切の事情を考慮」（民法906条）して決することとなります。

こうした事柄は、それまでの家事審判法に代わって平成25年1月に施行された**家事事件手続法**に別表第2として規定されています。

家庭裁判所は地方裁判所と何が違うのでしょうか。この家庭裁判所制度は、昭和24年に発足しました。家庭裁判所での手続は、裁判手続とは異なり、**非公開**です。また、心理学・教育学・社会学等の専門的知識を用いて、家事調停・家事審判に必要な調査その他法律に定める事務を行う専門的補助機関として、**家庭裁判所調査官**がおかれています（裁判所法61条の2）。

遺産分割の事件に関しても、場合によっては、紛争解決のため、調査官が事実関係を調査することもありうる手続となっているのです（家事事件手続法58条、59条、258条）。もっとも、この点は各家庭裁判所により運営は異なるようです。東京家庭裁判所では、以前は、特別受益または寄与分の調査が調査官によっても行われることがあったようですが、現在はもっぱら、不出頭当事者に対する出頭勧告、意向調査に限られているようです（小田正二・山城司・小林謙介・松川春佳・上野薫・長門久美子「東京家庭裁判所家事第

5部における遺産分割事件の運用」(判タ1418.5))。

また、裁判の場合は、係争物にかかる経済的利益を基準として、裁判所に相当額の手数料として収入印紙を訴状に貼付する必要があります。例えば、1億円の債権を巡る紛争であれば、必要な印紙は32万円となります(民事訴訟費用等に関する法律3条)。これに対して、家庭裁判所への調停申立てについては、遺産1億円の遺産分割事件であっても、裁判所に支払う費用としては、1件当たり1,200円に過ぎません。

以上の家庭裁判所と地方裁判所の違いを簡単に比較すると次のような表となります。

家庭裁判所		地方裁判所
家事事件手続法		民事訴訟法
調停手続	審判手続	訴訟手続
調停委員+裁判官	裁判官	裁判官
調査官	調査官	―(原則)
調停調書	審判書	判決書(既判力)
後見的役割	後見的役割	当事者主義
非公開	非公開	公開
当事者の合意	審判事項	訴訟事項
1件1,200円		経済的利益の価額に応じる 例 1億円…32万円

❺ 調停と審判

家庭裁判所での手続というと、審判というよりも、まず調停手続が想定されます。調停は、裁判官が最終的な判断を示す審判とは異なり、あくまで**当事者の話し合い、協議による合意**での紛争解決手続です。

調停は調停委員会のもと行われます。調停委員会は、裁判官1人および家

事調停委員2人以上で組織されます（家事事件手続法248条）。

　もっとも実際の調停手続では、裁判官は調停の場に現れることはなく、2名の調停委員が、当事者双方から個別に交互に事情を聞き取り、ときに法的な問題を説明して、合意形成に向けて調停期日を重ねていくのが一般的です。

　調停委員は、家庭裁判所長によって選任されます。家庭裁判所によっても異なりますが、そう多額ではない日当制での活動をしています。選任されているのは、弁護士、税理士、不動産鑑定士といった専門家だけでなく、多くは、定年退職した元大手民間会社従業員、国家・地方公務員といった方々です。

　法律知識のバックグラウンドがあるとは限りませんが、裁判所の責任のもと、あるいは自主的に種々の研修等を受けており、多くは熱心にその職務に従事している方々です。調停委員は、調停手続として、要所要所で担当裁判官との協議を経て、事案に対する見解を当事者に示すことにより、適当な合意を促すことにより、調停制度は、合意による紛争解決を目指す制度として運営されています。

　調停は、合意に至り調停が成立する場合は、早ければ2回、2か月程度で終ることもあります。しかし、長ければ1年を超えることも珍しくはありません。

　調停当事者が遠方等のため期日への出頭が困難と認められる一定の事情がある場合、電話会議システムを利用して調停に参加することも認められています（家事事件手続法54条、258条）。

　月に1度のペースでの調停期日を重ねていくことになりますが、それでも当事者の対立が深刻であり、合意による調停成立の見込みがないと判断せざるを得ない場合があります。そうした場合は、調停不成立として調停手続は終了します。

　もっとも、調停での協議による合意は当事者間では様々な理由から困難ではあるものの、裁判所が分割方法を決める場合、積極的には争う意思はない

といった場合もあります。こうした場合、調停不成立として通常の審判手続に移行してしまうと、当事者の合意による柔軟な解決が可能といった調停手続とは異なり、通常の**審判手続では様々な制約**が存在することから、硬直的な判断しかできず、当事者の納得による真の紛争解決とはならない場合がありえます。そこで、家事事件手続法では、「当事者双方のために衡平に考慮し、一切の事情を考慮して、職権で、事件の解決のため必要な審判をすることができる」(家事事件手続法284条)として、通常の審判とは異なる**調停に代わる審判**が定められました。

　遺産分割事件の場合は、争点が多く、調停期日だけがいたずらに重ねられて手続が漂流し、長期化しがちです。一部の家庭裁判所では当事者向けに、紛争の法的なポイントを分かりやすく示した次の説明冊子が配られています。

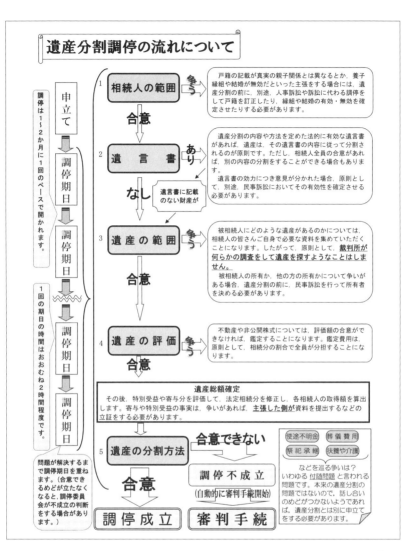

資料出典：裁判所ウェブサイト

では、当事者間での合意は初めから望めないような場合だとして、調停手続を経ずに、早々に裁判官に決めてもらうべく審判を申し立ててすることはできるでしょうか。

この点、遺産分割については、調停を経ずに遺産分割審判の申立てをすることは可能です。しかし、まずは調停での協議を試みるべきとされ、**事件は調停に付される**ことがほとんどです（家事事件手続法257条、244条）。

また、審判手続についても、**後見的な役割**が期待されるとしても、何もないところから裁判官が遺産分割、特別受益、寄与分の判断をすることはできません。

まずは、**当事者が自ら主体的に主張し、証拠となるものを提出**していくことが求められます。そうした手続と当事者との関わり方については、協議による解決が図られるべき調停においても同様です。

❻ 調停

先の遺留分減殺請求（遺留分侵害額請求）や遺言無効確認等の事件は、終局的には判決による解決になります。家庭裁判所が**審判により判断できる事柄は法定**されており（家事事件手続法39条）、上記事件は、家庭裁判所の審判事項とはされていません。

もっとも、そうした事件であっても、「**家庭に関する事件**」（家事事件手続法244条）として、家庭裁判所は、調停申立てによって調停による協議手続を利用することは認めています。

また、当事者間に合意が成立した時は、調停が成立したものとしてその調停調書は確定判決と同一の効力を有するものとされます（家事事件手続法268条）。

結局、調停手続は、その事柄が公序良俗に反するものでない限り、当事者の同意による、もっとも柔軟な解決が図られる手続となります。例えば、遺産分割において、母の相続に関して姉妹間での熾烈な紛争となっている場合、

次に想定される父の相続を見越して、一方が先に、父の相続については遺留分放棄の手続を取ることによって、母の相続において法定相続分よりも多く相続するといった合意による解決も調停であれば可能です。

逆にこうした解決は、審判手続では困難です。**裁判官は、争いの対象となっていない事柄について条件を出したりすることなどができない**からです。

遺産分割の紛争については、結局、**分割方法**を当事者が納得できるかがポイントとなるため、当事者や関係者の**アイデア**が決め手となります。柔軟な手続から柔軟な発想が生まれるのです。

しかしながら、期日を重ねながらも後一歩のところで調停は不成立となることも、当然あります。

このとき、紛争が**遺産分割**といった審判事項であれば、調停手続の終了と同時に、法律によって**自動的に手続は通常の審判手続に移行**することとなります。

審判手続については、最終的には**裁判官が審判**として判断を示すことから、手続は裁判官が執りしきり、その審判手続も当事者間の合意のためではなく、**裁判官が審判としての判断をするための当事者の主張立証の機会**の場となります。また、当事者が入替わりで交代して調停委員と話をする調停手続とは異なり、原則、当事者双方が審判廷に同席して期日が開かれることとなります。

なお、通常の審判とは異なる、**調停にかわる審判**は、同じ審判とはなりますが、裁判官は一切の事情を考慮して、**解決のために必要な審判**ができるとされています（家事事件手続法284条1項）。これは、当事者が一定期間内に**異議申立て**を積極的にしなかった場合に、その審判は確定するというものです。異議申立てという形で当事者の手続については保障されていることから、裁判官は通常の審判よりも**積極的な踏み込んだ判断**をすることが可能となっています。

❼ 特別受益、寄与分

　本書で解説してきた特別受益と寄与分については、遺産分割における具体的相続分に関わる事柄として、家庭裁判所での調停手続、審判手続によってのみ問題となる事柄なのでしょうか。

　先述のとおり、**遺留分減殺請求（遺留分侵害額請求）**においては、遺留分算定の基礎となる財産の判断において、特別受益に該当する生前贈与等の価額が相続時の財産の価額に加算されます。

　よって、裁判手続においても、特別受益か否かは問題となることがあるといえます。

　では、寄与分はどうでしょうか。この点について、未だ最高裁判所による判断は出されていないところです。法律の規定上、寄与分は、時期、方法、程度等について家庭裁判所が定めるとされています（民法904条の2　2項）。また、家事事件手続法においても、寄与分については特別受益とは異なりそれ自体が審判事項とされています。こうしたことから、**遺留分減殺請求（遺留分侵害額請求）の場面においては、寄与分は考慮されない**と解され、現在の下級審での実務ではそうした取扱いが一般的です。よって、現在の実務では、寄与分は家庭裁判所でのみ審理される事柄となっています。

❽ まとめ

　相続事件が長期化しやすいのは、問題の切り口によって、家庭裁判所での調停が試みられたり、その結果、地方裁判所に別途、訴え提起を要し、他方で、家庭裁判所で調停、審判を経ないと解決しないといった手続上の問題が関係することにもよります。例えば、遺産分割の調停申立てをしたところ、遺産の範囲について争いがあることが判明し、結果、遺産分割の調停申立てをいったん取り下げ、別途、地方裁判所に遺産の範囲確認の訴え提起をし、2年をかけて最高裁まで争って、その結果、ようやく遺産の範囲が確定し、そこから改めて、2度目の遺産分割調停の申立てをする、というようなこと

が実際に起きるのです。こうした手続の違いの理解は、当事者に対する解決への指針として、大きな意味を持ちますので、正確に理解すべき事柄となります。すなわち、次にどうなるかということの予測があって初めて、その時点の適切な判断ができることになります。この調停を決裂させたら、次にどの手続となり、そこでは当事者としてどのような活動が求められるのかを考えたら、多少妥協しても調停を成立させる方が有利な条件を引き出せるという判断も可能になるのです。

さ い ご に

　相続税対策、あるいは事業承継の手続として、**生前贈与の活用**が提唱されています。また、**遺言の作成**が相続トラブルを防止する特効薬であるかのように表現されていることもあります。

　しかしながら、相続という被相続人が亡くなった後の世界においては、遺された相続人の間で、その生前贈与があったために、あるいはその遺言があったために、**かえって紛争が複雑化し長期化**することがあります。

　生前に、よかれと思ってしていたその財産処分が、あるいは遺言書作成が、後にどのようなトラブルの種になりえるかを知っておく必要があります。それが本当に意義のある、プロによる紛争予防といえます。

　そのためには、特別受益、寄与分、遺留分の概念と実際の運用の知識は不可欠です。さらには、司法の世界において何がどのように争われるのかという視点があればさらに説得的にプランを立て、資料を用意しておくことができます。

　また、相続発生後においても、特別受益、寄与分、遺留分の実際の問題事例と判断のポイントを具体的に知っておくことは、**無駄な主張、紛争を防ぎ、紛争の早期解決**に資するものとなります。

　平成30年改正によって、相続に関する規定は多くの改正がありました。しかしながら、その視点は大きくは次の３つに過ぎません。

　１　配偶者保護のための方策
　２　遺言の利用を促進するための方策
　３　相続人を含む利害関係人の実質的公平を図るための見直し

　平成30年改正の契機は、平成25年９月４日最高裁大法廷での、嫡出でない子の相続分を嫡出子の２分の１としていた規定の違憲判決によるものでした。そのためか、体系的に検討された上での各規定の抜本的な見直しにはなっ

ていないといわれています。

　平成30年改正だけを追ってもやはり不十分です。遺産分割、遺言にまつわる問題として、特別受益、寄与分、遺留分の実際につき実際の紛争でどのように問題となるのかを解説した本書が、今以上に大きな視野で相続を捉えていただく一助になれば幸いです。

　本書もまた個々具体的にはまだまだ不十分なところがあります。しかし、長年思い続けていた視点をこのような形ででも世に出すことに意義があるのではないかと考えました。

　最初に声をかけていただきました編集者の髙橋祐介様には2年以上も気長に待っていただき、お詫びと感謝の気持ちしかありません。また、初稿の拙い原稿に対して、数日で目をとおし示唆に富む意見をいただきました3人の先輩、友人にもここで感謝の気持ちを記します。想像を超える読書家であり常に勉強し続けている税理士の大邊誠一様、30年以上もの間、裁判官の職を務められ、はるか年下の法曹の後輩に対しても気さくに付き合ってくださっている元裁判官、弁護士の森脇淳一様、そして司法修習生の時から日本語にこだわり続け、叱咤し続けてくれている同期弁護士、赤松純子様、貴重な時間と知恵をありがとうございました。当然ながら、本書の内容については筆者に全ての責任があります。

　長期化し、皆が疲弊していくだけの相続紛争が少しでもなくなればと願い続けています。

　　　　　　　　　　　　　　　　　　　　　　　　　令和元年5月
　　　　　　　　　　　　　　　　　　　　　弁護士　税理士　松井淑子

参考文献（本書掲載順）

1　土井文美「遺言能力（遺言能力の理論的検討及びその判断・審理方法）」（『判例タイムズ』1423.15、平成28年）
2　福井章代「預金債権の帰属について―最二小判平15.2.21民集57巻2号95頁及び最一小判平15.6.12民集57巻6号563頁を踏まえて」（『判例タイムズ』1213.25、平成18年）
3　谷口知平・久貴忠彦「新版注釈民法（27）」（有斐閣、平成25年）
4　坂梨喬「特別受益・寄与分の理論と運用－裁判例の分析を中心として－」（新日本法規、平成23年）
5　近藤ルミ子・小島妙子「事例にみる 特別受益・寄与分・遺留分主張のポイント」（新日本法規、平成28年）
6　バヒスバラン（上野）薫「遺産分割事件の実務～遺産分割事件の法的枠組みを理解するために（2）」（『調停時報』195.36、平成28年）
7　潮見佳男「詳解　相続法」（弘文堂、平成30年）
8　大塚正之「臨床実務家のための家族法コンメンタール　民法相続編」（勁草書房、平成29年）
9　中川善之助「注釈民法（26）」（有斐閣、平成25年）
10　東京地方裁判所プラクティス委員会第三小委員会「遺留分減殺請求訴訟における遺留分算定について―計算シートによるモデル訴状の提案」（『判例タイムズ』1345.34、平成23年）
11　増田勝久「遺留分についての改正」（『自由と正義』69.12、日本弁護士連合会、平成30年）
12　小田正二・山城司・小林謙介・松川春佳・上野薫・長門久美子「東京家庭裁判所家事第5部における遺産分割事件の運用―家事事件手続法の趣旨を踏まえ、法的枠組みの説明をわかりやすく行い、適正な解決に導く手続進行―」（『判例タイムズ』1418.5、平成27年）

民法及び家事事件手続法の一部を改正する法律（平成30年法律第72号）
新旧対照表（強調部分は筆者による）

（1）民法　（平成31年1月13日施行）

改正後	改正前
（自筆証書遺言）	（自筆証書遺言）
第968条　自筆証書によって遺言をするには、遺言者が、その**全文、日付及び氏名を自書**し、これに**印を押さなければ**ならない。	第968条　（同左）
2　前項の規定にかかわらず、自筆証書にこれと一体のものとして**相続財産**（第997条第1項に規定する場合における同項に規定する権利を含む。）**の全部又は一部の目録**を添付する場合には、その目録については、自書することを要しない。この場合において、遺言者は、その目録の**毎葉**（自書によらない記載がその両面にある場合にあっては、その**両面**）に**署名**し、印を押さなければならない。	（新設）
3　自筆証書（前項の目録を含む。）中の**加除その他の変更**は、遺言者が、その場所を指示し、これを変更した旨を付記して**特にこれに署名**し、かつ、その変更の場所に**印を押さなければ**、その効力を生じない。	2　自筆証書中の加除その他の変更は、遺言者が、その場所を指示し、これを変更した旨を付記して特にこれに署名し、かつ、その変更の場所に印を押さなければ、その効力を生じない。
（秘密証書遺言）	（秘密証書遺言）
第970条　（略）	第970条　（同左）
2　第968条第3項の規定は、秘密証書による遺言について準用する。	2　第968条第2項の規定は、秘密証書による遺言について準用する。
（普通の方式による遺言の規定の準用）	（普通の方式による遺言の規定の準用）
第982条　第968条第3項及び第973条から第975条までの規定は、第976条から前条までの規定による遺言について準用する。	第982条　第968条第2項及び第973条から第975条までの規定は、第976条から前条までの規定による遺言について準用する。

(2) 民法 （令和元年7月1日施行）

改正後	改正前
(相続財産に関する費用)	(相続財産に関する費用)
第885条 （略）	第885条 （同左）
(削る)	2　前項の費用は、遺留分権利者が贈与の減殺によって得た財産をもって支弁することを要しない。
第899条 （略）	第899条 （同左）
(共同相続における権利の承継の対抗要件)	(新設)
第899条の2　相続による権利の承継は、遺産の分割によるものかどうかにかかわらず、次条及び第901条の規定により算定した**相続分を超える部分**については、**登記、登録その他の対抗要件を備えなければ**、第三者に対抗することができない。	
2　前項の権利が債権である場合において、次条及び第901条の規定により算定した相続分を超えて当該債権を承継した共同相続人が当該債権に係る遺言の内容（遺産の分割により当該債権を承継した場合にあっては、当該債権に係る遺産の分割の内容）を明らかにして債務者にその**承継の通知**をしたときは、共同相続人の全員が債務者に通知をしたものとみなして、同項の規定を適用する。	
(遺言による相続分の指定)	(遺言による相続分の指定)
第902条　被相続人は、前2条の規定にかかわらず、遺言で、共同相続人の相続分を定め、又はこれを定めることを第三者に委託することができる。	第902条　被相続人は、前2条の規定にかかわらず、遺言で、共同相続人の相続分を定め、又はこれを定めることを第三者に委託することができる。ただし、被相続人又は第三者は、遺留分に関する規定に違反することができない。
2　（略）	2　（同左）

改正後	改正前
<u>(相続分の指定がある場合の債権者の権利の行使)</u>	(新設)
<u>**第902条の2**　被相続人が相続開始の時において有した債務の債権者は、前条の規定による相続分の指定がされた場合であっても、各共同相続人に対し、第900条及び第901条の規定により算定した相続分に応じてその権利を行使することができる。ただし、その債権者が共同相続人の1人に対してその指定された相続分に応じた債務の承継を承認したときは、この限りでない。</u>	
(特別受益者の相続分)	(特別受益者の相続分)
第903条　共同相続人中に、被相続人から、**遺贈**を受け、又は**婚姻**若しくは**養子縁組**のため若しくは**生計の資本**として**贈与を受けた者**があるときは、被相続人が**相続開始の時において有した財産の価額**にその贈与の価額を**加えたもの**を**相続財産とみなし**、第900条から第902条までの規定により算定した相続分の中からその遺贈又は贈与の価額を**控除した残額**をもって**その者の相続分とする。**	第903条　共同相続人中に、被相続人から、遺贈を受け、又は婚姻若しくは養子縁組のため若しくは生計の資本として贈与を受けた者があるときは、被相続人が相続開始の時において有した財産の価額にその贈与の価額を加えたものを相続財産とみなし、前3条の規定により算定した相続分の中からその遺贈又は贈与の価額を控除した残額をもってその者の相続分とする。
2　(略)	2　(同左)
3　被相続人が前2項の規定と**異なった意思を表示**したときは、<u>その意思に従う</u>。	3　被相続人が前2項の規定と異なった意思を表示したときは、その意思表示は、遺留分に関する規定に違反しない範囲内で、その効力を有する。
<u>4　婚姻期間が**20年以上**の夫婦の一方である被相続人が、他の一方に対し、その居住の用に供する建物又はその敷地について遺贈又は贈与をしたときは、当該被相続人は、その遺贈又は贈与について**第1項の規定を適用しない旨の意思を表示**したものと**推定する。**</u>	(新設)

改正後	改正前
(遺産の分割の基準)	(遺産の分割の基準)
第906条　(略)	第906条　(同左)
(遺産の分割前に遺産に属する財産が処分された場合の遺産の範囲)	(新設)
第906条の2　遺産の分割前に**遺産に属する財産が処分**された場合であっても、共同相続人は、その全員の同意により、当該処分された財産が遺産の分割時に遺産として存在するものとみなすことができる。	
2　前項の規定にかかわらず、共同相続人の1人又は数人により同項の財産が処分されたときは、当該共同相続人については、同項の同意を得ることを要しない。	
(遺産の分割の協議又は審判等)	(遺産の分割の協議又は審判等)
第907条　共同相続人は、次条の規定により被相続人が遺言で禁じた場合を除き、いつでも、その協議で、遺産の全部又は一部の分割をすることができる。	第907条　共同相続人は、次条の規定により被相続人が遺言で禁じた場合を除き、いつでも、その協議で、遺産の分割をすることができる。
2　遺産の分割について、共同相続人間に協議が調わないとき、又は協議をすることができないときは、各共同相続人は、その全部又は一部の分割を**家庭裁判所に請求**することができる。ただし、遺産の一部を分割することにより他の共同相続人の利益を害するおそれがある場合におけるその一部の分割については、この限りでない。	2　遺産の分割について、共同相続人間に協議が調わないとき、又は協議をすることができないときは、各共同相続人は、その分割を家庭裁判所に請求することができる。
3　前項本文の場合において特別の事由があるときは、家庭裁判所は、期間を定めて、遺産の全部又は一部について、その分割を禁ずることができる。	3　前項の場合において特別の事由があるときは、家庭裁判所は、期間を定めて、遺産の全部又は一部について、その分割を禁ずることができる。
第909条　(略)	第909条　(同左)

改正後	改正前
(遺産の分割前における預貯金債権の行使) 第909条の2　各共同相続人は、遺産に属する預貯金債権のうち**相続開始の時の債権額の3分の1**に第900条及び第901条の規定により算定した当該共同相続人の**相続分**を乗じた額（標準的な当面の必要生計費、平均的な葬式の費用の額その他の事情を勘案して**預貯金債権の債務者ごと**に法務省令で定める額を限度とする。）については、**単独でその権利を行使**することができる。この場合において、当該権利の行使をした預貯金債権については、当該共同相続人が遺産の一部の分割によりこれを取得したものとみなす。	(新設)
(包括遺贈及び特定遺贈) 第964条　遺言者は、包括又は特定の名義で、その財産の全部又は一部を処分することができる。	(包括遺贈及び特定遺贈) 第964条　遺言者は、包括又は特定の名義で、その財産の全部又は一部を処分することができる。ただし、遺留分に関する規定に違反することができない。
(遺言執行者の任務の開始) 第1007条　（略） 2　遺言執行者は、その任務を開始したときは、遅滞なく、**遺言の内容を相続人に通知**しなければならない。	(遺言執行者の任務の開始) 第1007条　（同左） (新設)
(遺言執行者の権利義務) 第1012条　遺言執行者は、遺言の内容を実現するため、相続財産の管理その他遺言の執行に必要な一切の行為をする権利義務を有する。 2　遺言執行者がある場合には、遺贈の履行は、遺言執行者のみが行うことができる。	(遺言執行者の権利義務) 第1012条　遺言執行者は、相続財産の管理その他遺言の執行に必要な一切の行為をする権利義務を有する。 (新設)

改正後	改正前
<u>3</u> 第644条から第647条まで及び第650条の規定は、遺言執行者について準用する。	<u>2</u> 第644条から第647条まで及び第650条の規定は、遺言執行者について準用する。
(遺言の執行の妨害行為の禁止)	(遺言の執行の妨害行為の禁止)
第1013条 （略）	**第1013条** （同左）
<u>2 前項の規定に違反してした行為は、無効とする。ただし、これをもって善意の第三者に対抗することができない。</u>	（新設）
<u>3 前２項の規定は、相続人の債権者（相続債権者を含む。）が相続財産についてその権利を行使することを妨げない。</u>	（新設）
(特定財産に関する遺言の執行)	(特定財産に関する遺言の執行)
第1014条 （略）	**第1014条** （同左）
<u>2 遺産の分割の方法の指定として遺産に属する**特定の財産**を共同相続人の**1人又は数人に承継させる旨の遺言**（以下「**特定財産承継遺言**」という。）があったときは、遺言執行者は、当該共同相続人が第899条の２第１項に規定する対抗要件を備えるために必要な行為をすることができる。</u>	（新設）
<u>3 前項の財産が預貯金債権である場合には、遺言執行者は、同項に規定する行為のほか、その預金又は貯金の払戻しの請求及びその預金又は貯金に係る契約の解約の申入れをすることができる。ただし、解約の申入れについては、その預貯金債権の全部が特定財産承継遺言の目的である場合に限る。</u>	（新設）
<u>4 前２項の規定にかかわらず、被相続人が**遺言で別段の意思を表示**したときは、その意思に従う。</u>	（新設）

改正後	改正前
(遺言執行者の行為の効果)	(遺言執行者の地位)
第1015条　遺言執行者がその権限内において遺言執行者であることを示してした行為は、**相続人に対して直接にその効力**を生ずる。	第1015条　遺言執行者は、相続人の代理人とみなす。
(遺言執行者の復任権)	(遺言執行者の復任権)
第1016条　遺言執行者は、自己の責任で第三者にその任務を行わせることができる。ただし、遺言者がその遺言に別段の意思を表示したときは、その意思に従う。	第1016条　遺言執行者は、やむを得ない事由がなければ、第三者にその任務を行わせることができない。ただし、遺言者がその遺言に反対の意思を表示したときは、この限りでない。
2　前項本文の場合において、第三者に任務を行わせることについてやむを得ない事由があるときは、遺言執行者は、相続人に対してその選任及び監督についての責任のみを負う。	2　遺言執行者が前項ただし書の規定により第三者にその任務を行わせる場合には、相続人に対して、第105条に規定する責任を負う。
第1028条から第1041条まで　削除	(新設)
第8章　（略）	第8章　（同左）
(遺留分の帰属及びその割合)	(遺留分の帰属及びその割合)
第1042条　兄弟姉妹以外の相続人は、遺留分として、次条第1項に規定する**遺留分を算定するための財産の価額**に、次の各号に掲げる区分に応じてそれぞれ当該各号に定める割合を乗じた額を受ける。 一　直系尊属のみが相続人である場合　3分の1 二　前号に掲げる場合以外の場合　2分の1	第1028条　兄弟姉妹以外の相続人は、遺留分として、次の各号に掲げる区分に応じてそれぞれ当該各号に定める割合に相当する額を受ける。 一　直系尊属のみが相続人である場合　被相続人の財産の3分の1 二　前号に掲げる場合以外の場合　被相続人の財産の2分の1

改正後	改正前
<u>2　相続人が数人ある場合には、前項各号に定める割合は、これらに第900条及び第901条の規定により算定したその各自の相続分を乗じた割合とする。</u>	（新設）
（遺留分を算定するための財産の価額）	（遺留分の算定）
第1043条　<u>遺留分を算定するための財産</u>の価額は、被相続人が相続開始の時において有した財産の価額にその贈与した財産の価額を加えた額から債務の全額を<u>控除した額とする。</u>	**第1029条**　遺留分は、被相続人が相続開始の時において有した財産の価額にその贈与した財産の価額を加えた額から債務の全額を<u>控除して、これを算定する。</u>
2　（略）	2　（同左）
第1044条　贈与は、相続開始前の１年間にしたものに限り、前条の規定により**その価額を算入**する。当事者双方が遺留分権利者に損害を加えることを知って贈与をしたときは、１年前の日より前にしたものについても、同様とする。	**第1030条**　贈与は、相続開始前の１年間にしたものに限り、前条の規定によりその価額を算入する。当事者双方が遺留分権利者に損害を加えることを知って贈与をしたときは、１年前の日より前にしたものについても、同様とする。
<u>2　第904条の規定は、前項に規定する**贈与の価額**について準用する。</u>	（新設）
<u>3　相続人に対する贈与についての第１項の規定の適用については、同項中「１年」とあるのは**「10年」**と、「価額」とあるのは「価額（婚姻若しくは養子縁組のため又は生計の資本として受けた贈与の価額に限る。）」とする。</u>	（新設）
（削る）	（遺贈又は贈与の減殺請求）
	第1031条　遺留分権利者及びその承継人は、遺留分を保全するのに必要な限度で、遺贈及び前条に規定する贈与の減殺を請求することができる。

改正後	改正前
(削る)	(条件付権利等の贈与又は遺贈の一部の減殺) 第1032条　条件付きの権利又は存続期間の不確定な権利を贈与又は遺贈の目的とした場合において、その贈与又は遺贈の一部を減殺すべきときは、遺留分権利者は、第1029条第2項の規定により定めた価格に従い、直ちにその残部の価額を受贈者又は受遺者に給付しなければならない。
(削る)	(贈与と遺贈の減殺の順序) 第1033条　贈与は、遺贈を減殺した後でなければ、減殺することができない。
(削る)	(遺贈の減殺の割合) 第1034条　遺贈は、その目的の価額の割合に応じて減殺する。ただし、遺言者がその遺言に別段の意思を表示したときは、その意思に従う。
(削る)	(贈与の減殺の順序) 第1035条　贈与の減殺は、後の贈与から順次前の贈与に対してする。
(削る)	(受贈者による果実の返還) 第1036条　受贈者は、その返還すべき財産のほか、減殺の請求があった日以後の果実を返還しなければならない。
(削る)	(受贈者の無資力による損失の負担) 第1037条　減殺を受けるべき受贈者の無資力によって生じた損失は、遺留分権利者の負担に帰する。

改正後	改正前
(削る)	(負担付贈与の減殺請求) 第1038条　負担付贈与は、その目的の価額から負担の価額を控除したものについて、その減殺を請求することができる。
	(不相当な対価による有償行為)
第1045条　負担付贈与がされた場合における第1043条第1項に規定する贈与した財産の価額は、その目的の価額から負担の価額を控除した額とする。 2　不相当な対価をもってした有償行為は、当事者双方が遺留分権利者に損害を加えることを知ってしたものに限り、当該対価を負担の価額とする負担付贈与とみなす。	第1039条　(新設) 　不相当な対価をもってした有償行為は、当事者双方が遺留分権利者に損害を加えることを知ってしたものに限り、これを贈与とみなす。この場合において、遺留分権利者がその減殺を請求するときは、その対価を償還しなければならない。
(遺留分侵害額の請求) 第1046条　遺留分権利者及びその承継人は、受遺者(特定財産承継遺言により財産を承継し又は相続分の指定を受けた相続人を含む。以下この章において同じ。)又は受贈者に対し、**遺留分侵害額に相当する金銭の支払を請求**することができる。 2　遺留分侵害額は、第1042条の規定による遺留分から第一号及び第二号に掲げる**額を控除**し、これに第三号に掲げる**額を加算**して算定する。 　一　遺留分権利者が受けた遺贈又は第903条第一項に規定する贈与の価額 　二　第900条から第902条まで、第903条及び第904条の規定により算定した相続分に応じて遺留分権利者が取得すべき遺産の価額	(新設)

改正後	改正前
三　被相続人が相続開始の時において有した債務のうち、第899条の規定により遺留分権利者が承継する債務（次条第3項において「遺留分権利者承継債務」という。）の額	
（受遺者又は受贈者の負担額） **第1047条**　受遺者又は受贈者は、次の各号の定めるところに従い、**遺贈**（特定財産承継遺言による財産の承継又は相続分の指定による遺産の取得を含む。以下この章において同じ。）又は贈与（遺留分を算定するための財産の価額に算入されるものに限る。以下この章において同じ。）**の目的の価額**（受遺者又は受贈者が相続人である場合にあっては、当該価額から第1042条の規定による遺留分として当該相続人が受けるべき額を控除した額）**を限度**として、**遺留分侵害額を負担**する。 一　受遺者と受贈者とがあるときは、受遺者が先に負担する。 二　受遺者が複数あるとき、又は受贈者が複数ある場合においてその贈与が同時にされたものであるときは、受遺者又は受贈者が**その目的の価額の割合に応じて**負担する。ただし、遺言者がその遺言に別段の意思を表示したときは、その意思に従う。 三　受贈者が複数あるとき（前号に規定する場合を除く。）は、後の贈与に係る受贈者から順次前の贈与に係る受贈者が負担する。 2　第904条、第1043条第2項及び第1045条の規定は、前項に規定する遺贈又は贈与の目的の価額について準用する。	（新設）

改正後	改正前
3 前条第1項の請求を受けた受遺者又は受贈者は、遺留分権利者承継債務について弁済その他の債務を消滅させる行為をしたときは、消滅した債務の額の限度において、遺留分権利者に対する意思表示によって第1項の規定により負担する債務を消滅させることができる。この場合において、当該行為によって遺留分権利者に対して取得した求償権は、消滅した当該債務の額の限度において消滅する。 4 受遺者又は受贈者の**無資力**によって生じた損失は、**遺留分権利者の負担**に帰する。 5 裁判所は、受遺者又は受贈者の請求により、第1項の規定により負担する債務の全部又は一部の**支払につき相当の期限を許与**することができる。	
(削る)	(受贈者が贈与の目的を譲渡した場合等) 第1040条 減殺を受けるべき受贈者が贈与の目的を他人に譲り渡したときは、遺留分権利者にその価額を弁償しなければならない。ただし、譲受人が譲渡の時において遺留分権利者に損害を加えることを知っていたときは、遺留分権利者は、これに対しても減殺を請求することができる。 2 前項の規定は、受贈者が贈与の目的につき権利を設定した場合について準用する。
(削る)	(遺留分権利者に対する価額による弁償) 第1041条 受贈者及び受遺者は、減殺を受けるべき限度において、贈与又は遺贈の目的の価額を遺留分権利者に弁償して返還の義務を免れることができる。

改正後	改正前
	2　前項の規定は、前条第1項ただし書の場合について準用する。
（遺留分侵害額請求権の期間の制限）	（減殺請求権の期間の制限）
第1048条　遺留分侵害額の請求権は、遺留分権利者が、相続の開始及び遺留分を侵害する贈与又は遺贈があったことを知った時から1年間行使しないときは、時効によって消滅する。相続開始の時から10年を経過したときも、同様とする。	第1042条　減殺の請求権は、遺留分権利者が、相続の開始及び減殺すべき贈与又は遺贈があったことを知った時から1年間行使しないときは、時効によって消滅する。相続開始の時から10年を経過したときも、同様とする。
（遺留分の放棄）	（遺留分の放棄）
第1049条　（略）	第1043条　（同左）
（削る）	（代襲相続及び相続分の規定の準用） 第1044条　第887条第2項及び第3項、第900条、第901条、第903条並びに第904条の規定は、遺留分について準用する。
第9章　特別の寄与	（新設）
第1050条　被相続人に対して**無償で療養看護**その他の**労務の提供**をしたことにより被相続人の**財産の維持又は増加**について**特別の寄与**をした被相続人の**親族**（相続人、相続の放棄をした者及び第891条の規定に該当し又は廃除によってその相続権を失った者を除く。以下この条において「特別寄与者」という。）は、相続の開始後、相続人に対し、特別寄与者の寄与に応じた額の金銭（以下この条において「特別寄与料」という。）の支払を請求することができる。	（新設）

改正後	改正前
2　前項の規定による**特別寄与料の支払**について、当事者間に協議が調わないとき、又は協議をすることができないときは、特別寄与者は、家庭裁判所に対して協議に代わる処分を請求することができる。ただし、特別寄与者が相続の開始及び相続人を知った時から**6箇月**を経過したとき、又は相続開始の時から1年を経過したときは、この限りでない。 3　前項本文の場合には、**家庭裁判所は**、寄与の時期、方法及び程度、相続財産の額その他**一切の事情を考慮して、特別寄与料の額を定める。** 4　特別寄与料の額は、被相続人が相続開始の時において有した財産の価額から遺贈の価額を控除した残額を超えることができない。 5　相続人が数人ある場合には、各相続人は、特別寄与料の額に第900条から第902条までの規定により算定した当該相続人の相続分を乗じた額を負担する。	

(3) 民法　（令和2年4月1日施行）

改正後	改正前
（遺贈義務者の引渡義務）	（不特定物の遺贈義務者の担保責任）
第998条　遺贈義務者は、遺贈の目的である物又は権利を、相続開始の時（その後に当該物又は権利について遺贈の目的として特定した場合にあっては、その特定した時）の状態で引き渡し、又は移転する義務を負う。ただし、遺言者がその遺言に別段の意思を表示したときは、その意思に従う。	第998条　不特定物を遺贈の目的とした場合において、受遺者がこれにつき第三者から追奪を受けたときは、遺贈義務者は、これに対して、売主と同じく、担保の責任を負う。 2　不特定物を遺贈の目的とした場合において、物に瑕疵があったときは、遺贈義務者は、瑕疵のない物をもってこれに代えなければならない。
	（第三者の権利の目的である財産の遺贈）
第1000条　削除	第1000条　遺贈の目的である物又は権利が遺言者の死亡の時において第三者の権利の目的であるときは、受遺者は、遺贈義務者に対しその権利を消滅させるべき旨を請求することができない。ただし、遺言者がその遺言に反対の意思を表示したときは、この限りでない。
（撤回された遺言の効力）	（撤回された遺言の効力）
第1025条　前3条の規定により撤回された遺言は、その撤回の行為が、撤回され、取り消され、又は効力を生じなくなるに至ったときであっても、その効力を回復しない。ただし、その行為が錯誤、詐欺又は強迫による場合は、この限りでない。	第1025条　前3条の規定により撤回された遺言は、その撤回の行為が、撤回され、取り消され、又は効力を生じなくなるに至ったときであっても、その効力を回復しない。ただし、その行為が詐欺又は強迫による場合は、この限りでない。
（削る）	第1028条から第1041条まで　削除
第8章　配偶者の居住の権利 　　第1節　配偶者居住権	（新設）

改正後	改正前
(配偶者居住権) **第1028条** 被相続人の配偶者（以下この章において単に「配偶者」という。）は、被相続人の財産に属した建物に**相続開始の時に居住**していた場合において、次の各号のいずれかに該当するときは、その居住していた建物（以下この節において「居住建物」という。）の全部について**無償で使用及び収益**をする権利（以下この章において「配偶者居住権」という。）を取得する。ただし、被相続人が相続開始の時に居住建物を配偶者以外の者と共有していた場合にあっては、この限りでない。 一 **遺産の分割**によって配偶者居住権を取得するものとされたとき。 二 配偶者居住権が**遺贈の目的**とされたとき。 2 居住建物が配偶者の財産に属することとなった場合であっても、他の者がその共有持分を有するときは、配偶者居住権は、消滅しない。 3 第903条第4項の規定は、配偶者居住権の遺贈について準用する。 (審判による配偶者居住権の取得) **第1029条** 遺産の分割の請求を受けた家庭裁判所は、次に掲げる場合に限り、配偶者が配偶者居住権を取得する旨を定めることができる。 一 共同相続人間に配偶者が配偶者居住権を取得することについて合意が成立しているとき。	

改正後	改正前
二　配偶者が家庭裁判所に対して配偶者居住権の取得を希望する旨を申し出た場合において、居住建物の所有者の受ける不利益の程度を考慮してもなお配偶者の生活を維持するために特に必要があると認めるとき（前号に掲げる場合を除く。）。 (配偶者居住権の存続期間) 第1030条　配偶者居住権の存続期間は、**配偶者の終身の間**とする。ただし、遺産の分割の協議若しくは遺言に別段の定めがあるとき、又は家庭裁判所が遺産の分割の審判において別段の定めをしたときは、その定めるところによる。 (配偶者居住権の登記等) 第1031条　居住建物の所有者は、配偶者（配偶者居住権を取得した配偶者に限る。以下この節において同じ。）に対し、**配偶者居住権の設定の登記を備えさせる義務**を負う。 2　第605条の規定は配偶者居住権について、第605条の4の規定は配偶者居住権の設定の登記を備えた場合について準用する。 (配偶者による使用及び収益) 第1032条　配偶者は、従前の用法に従い、善良な管理者の注意をもって、居住建物の使用及び収益をしなければならない。ただし、従前居住の用に供していなかった部分について、これを居住の用に供することを妨げない。 2　配偶者居住権は、譲渡することができない。	

改正後	改正前
3　配偶者は、居住建物の所有者の承諾を得なければ、居住建物の改築若しくは増築をし、又は第三者に居住建物の使用若しくは収益をさせることができない。 4　配偶者が第1項又は前項の規定に違反した場合において、居住建物の所有者が相当の期間を定めてその是正の催告をし、その期間内に是正がされないときは、居住建物の所有者は、当該配偶者に対する意思表示によって配偶者居住権を消滅させることができる。 (居住建物の修繕等) **第1033条**　配偶者は、居住建物の使用及び収益に必要な修繕をすることができる。 2　居住建物の修繕が必要である場合において、配偶者が相当の期間内に必要な修繕をしないときは、居住建物の所有者は、その修繕をすることができる。 3　居住建物が修繕を要するとき(第1項の規定により配偶者が自らその修繕をするときを除く。)、又は居住建物について権利を主張する者があるときは、配偶者は、居住建物の所有者に対し、遅滞なくその旨を通知しなければならない。ただし、居住建物の所有者が既にこれを知っているときは、この限りでない。 (居住建物の費用の負担) **第1034条**　配偶者は、居住建物の通常の必要費を負担する。 2　第583条第2項の規定は、前項の通常の必要費以外の費用について準用する。 (居住建物の返還等)	

改正後	改正前
<u>第1035条　配偶者は、配偶者居住権が消滅したときは、居住建物の返還をしなければならない。ただし、配偶者が居住建物について共有持分を有する場合は、居住建物の所有者は、配偶者居住権が消滅したことを理由としては、居住建物の返還を求めることができない。</u> <u>2　第599条第１項及び第２項並びに第621条の規定は、前項本文の規定により配偶者が相続の開始後に附属させた物がある居住建物又は相続の開始後に生じた損傷がある居住建物の返還をする場合について準用する。</u> (使用貸借及び賃貸借の規定の準用) <u>第1036条　第597条第１項及び第３項、第600条、第613条並びに第616条の２の規定は、配偶者居住権について準用する。</u> 第２節　配偶者短期居住権 (配偶者短期居住権) <u>第1037条　配偶者は、被相続人の財産に属した建物に</u>**相続開始の時に無償で居住**<u>していた場合には、次の各号に掲げる区分に応じてそれぞれ当該各号に定める日までの間、その居住していた建物（以下この節において「居住建物」という。）の所有権を相続又は遺贈により取得した者（以下この節において「居住建物取得者」という。）に対し、居住建物について</u>**無償で使用する権利**<u>（居住建物の一部のみを無償で使用していた場合にあっては、その部分について無償で使用する権利。以下この節において「配偶者短期居住権」という。）</u>**を有する。**<u>ただし、配</u>	

改正後	改正前
偶者が、相続開始の時において居住建物に係る配偶者居住権を取得したとき、又は第891条の規定に該当し若しくは廃除によってその相続権を失ったときは、この限りでない。 　一　居住建物について配偶者を含む共同相続人間で遺産の分割をすべき場合　遺産の分割により居住建物の帰属が確定した日又は相続開始の時から6箇月を経過する日のいずれか遅い日 　二　前号に掲げる場合以外の場合　第3項の申入れの日から6箇月を経過する日 2　前項本文の場合においては、居住建物取得者は、第三者に対する居住建物の譲渡その他の方法により配偶者の居住建物の使用を妨げてはならない。 3　居住建物取得者は、第1項第一号に掲げる場合を除くほか、いつでも配偶者短期居住権の消滅の申入れをすることができる。 (配偶者による使用) **第1038条**　配偶者（配偶者短期居住権を有する配偶者に限る。以下この節において同じ。）は、従前の用法に従い、善良な管理者の注意をもって、居住建物の使用をしなければならない。 2　配偶者は、居住建物取得者の承諾を得なければ、第三者に居住建物の使用をさせることができない。 3　配偶者が前2項の規定に違反したときは、居住建物取得者は、当該配偶者に対する意思表示によって配偶者短期居住権を消滅させることができる。	

改正後	改正前
(配偶者居住権の取得による配偶者短期居住権の消滅) **第1039条** 配偶者が居住建物に係る配偶者居住権を取得したときは、配偶者短期居住権は、消滅する。 (居住建物の返還等) **第1040条** 配偶者は、前条に規定する場合を除き、配偶者短期居住権が消滅したときは、居住建物の返還をしなければならない。ただし、配偶者が居住建物について共有持分を有する場合は、居住建物取得者は、配偶者短期居住権が消滅したことを理由としては、居住建物の返還を求めることができない。 2 第599条第1項及び第2項並びに第621条の規定は、前項本文の規定により配偶者が相続の開始後に附属させた物がある居住建物又は相続の開始後に生じた損傷がある居住建物の返還をする場合について準用する。 (使用貸借等の規定の準用) **第1041条** 第597条第3項、第600条、第616条の2、第1032条第2項、第1033条及び第1034条の規定は、配偶者短期居住権について準用する。	
第9章 (略)	第8章 (同左)
第10章 (略)	第9章 (同左)

松井　淑子（まつい　よしこ）

弁護士・税理士
三重県出身
1993年　関西大学法学部法律学科 卒業
2008年　関西学院大学専門職大学院経営戦略研究科（会計専門職専攻）卒業
1999年　弁護士登録（大阪弁護士会）
2010～2014年　国税不服審判所　国税審判官（任期付公務員）
2014年　神川松井法律事務所開設
2015年　税理士登録（近畿税理士会）
2015年～　大阪家庭裁判所　家事調停委員
2016年～　立命館大学大学院法学研究科　授業担当講師（租税手続争訟法）

著書：
2014年7月　『税理士・弁護士のための税務調査の後の不服申立手続ガイド』（日本加除出版）

神川松井法律事務所ホームページ
　https://www.matsuikamikawa.com/

特別受益・寄与分と遺言の実務対応
実は知らない本当の相続分と遺留分

2019年7月5日　発行

著　者　　松井　淑子 Ⓒ

発行者　　小泉　定裕

発行所　　株式会社 清文社
　　　　　東京都千代田区内神田1－6－6（MIFビル）
　　　　　〒101-0047　電話 03(6273)7946　FAX 03(3518)0299
　　　　　大阪市北区天神橋2丁目北2－6（大和南森町ビル）
　　　　　〒530-0041　電話 06(6135)4050　FAX 06(6135)4059
　　　　　URL http://www.skattsei.co.jp/

印刷：大村印刷㈱

■著作権法により無断複写複製は禁止されています。落丁本・乱丁本はお取り替えします。
■本書の内容に関するお問い合わせは編集部までFAX（06-6135-4056）でお願いします。
＊本書の追録情報等は、当社ホームページ（http://www.skattsei.co.jp）をご覧ください。

ISBN978-4-433-63909-9

相続道の歩き方

弁護士　中村　真　著

相続開始前の基礎知識や相続開始後の手続き等、改正相続法等も織り込み、相続実務をイラストを交えてユニークな語り口でわかりやすく解説。

■A5判292頁/定価：本体 2,400円+税

税理士が知っておきたい
兄弟姉妹の相続

税理士　小林磨寿美　著

兄弟姉妹、甥姪が相続人となる場合の相続実務について、相続の開始があったことを知った日が異なる場合や、不明者がいる場合、また戸籍収集の範囲、代襲相続となる場合、「はんこ代」の取扱い、法定果実の帰属等、実務でおさえておきたい論点を詳しく解説。

■A5判268頁/定価：本体 2,400円+税

税理士が知っておきたい
「認知症」と相続・財産管理の実務

弁護士　栗田祐太郎　著

税理士がおさえておくべき税務以外の知識について、認知症の医学的基礎知識や「判断能力」に問題がある場合の対処法、相続にまつわる遺産分割や民事訴訟の手続などをわかりやすく解説。また、Q&Aによる個別具体的なケースの解決方法についても詳解。

■A5判208頁/定価：本体 2,200円+税

三訂版
もめない相続 困らない相続税
事例で学ぶ幸せへのパスポート

税理士　坪多晶子/弁護士　坪多聡美　共著

税理士と弁護士の視点から相続税や相続に関する基本を押さえるとともに疑問点や注意点をQ&A形式で解説。相続でもめないための解決策が詰まった一冊。

■A5判352頁/定価：本体 2,800円+税